René POUPARDIN

ÉTUDES

SUR

L'HISTOIRE DES PRINCIPAUTÉS LOMBARDES

DE

L'ITALIE MÉRIDIONALE

ET DE

LEURS RAPPORTS AVEC L'EMPIRE FRANC

Avec un fac-similé

PARIS (VIe)

LIBRAIRIE ANCIENNE HONORÉ CHAMPION, ÉDITEUR

5 QUAI MALAQUAIS

1907

René POUPARDIN

ÉTUDES

SUR

L'HISTOIRE DES PRINCIPAUTÉS LOMBARDES

DE

L'ITALIE MÉRIDIONALE

ET DE

PPORTS AVEC L'EMPIRE FRANC

PARIS (VIe)

LIBRAIRIE ANCIENNE HONORÉ CHAMPION, ÉDITEUR

5, QUAI MALAQUAIS

EXTRAIT DU MOYEN AGE

2e Série, Tome X

(Janvier-Février 1906)

ÉTUDES SUR L'HISTOIRE DES PRINCIPAUTÉS LOMBARDES

DE

L'ITALIE MÉRIDIONALE

Et de leurs rapports avec l'Empire franc

I

LES SOURCES

M. J. Gay, dans le beau livre consacré par lui à l'histoire de la domination byzantine dans l'Italie méridionale [1], n'a pas cru devoir réserver de chapitre spécial à l'étude des sources, et spécialement des sources narratives de cette histoire. Pour une période aussi vaste, s'étendant du IXe au XIe siècle, la tâche eût été d'ailleurs difficile. La présente notice ne s'applique qu'aux textes latins [2], et spécialement à ceux qui peuvent intéresser l'histoire des rapports des principautés lombardes avec l'Empire franc, depuis Char-

1. *L'Italie méridionale et l'Empire Byzantin, depuis l'avènement de Basile Ier jusqu'à la prise de Bari par les Normands* (867-1071). Paris, 1904, in-8°. (Bibliothèque des Écoles françaises d'Athènes et de Rome, fasc. 90.)

2. Parmi ceux-ci, je laisse bien entendu de côté les textes concernant l'histoire générale de l'Italie, ainsi que ceux du duché de Spolète, où le centre historiographique qui se trouvait à l'abbaye de Farfa vient d'être étudié par M. Balzani. Quant aux sources grecques, on trouvera l'indication des textes hagiographiques dans la notice de Capasso citée ci-après; les chroniques à consulter pour la période qui nous occupe sont relevées dans la Bibliographie du livre de M. Gay (p. XIV), et il suffit, à leur sujet, de renvoyer au manuel de K. Krumbacher, *Geschichte der byzantinischen Litteratur*, 2e éd. Munich, 1897, in-8°.

lemagne jusqu'à Otton le Grand. La plupart de ces textes ont été réunis dans le volume des *Scriptores rerum Langobardicarum*, de la série in-4° des *Monumenta Germaniæ historica*, et pourvus par G. Waitz d'excellentes préfaces [1]. Une étude historiographique de ces sources, principalement au point de vue des manuscrits, a jadis été faite par Bethmann [2]. Capasso a esquissé un tableau assez superficiel dans l'introduction de ses *Monumenta Neapolitani ducatus* [3], et fait œuvre plus utile en donnant, en 1880, des sources de l'histoire des provinces méridionales, une liste très complète accompagnée d'une bibliographie abondante et précise [4]. Malgré son travail, malgré les préfaces de Waitz, il n'est peut-être pas inutile de présenter aux lecteurs français, sans prétendre apporter rien de nouveau, un tableau sommaire des résultats acquis à ce sujet, et de brèves notices sur ces textes, qui intéressent d'une manière si directe l'histoire de Charlemagne et de ses successeurs en Italie.

De même que les princes de Bénévent semblent avoir tenté de se poser en successeurs des rois lombards, de

1. *Monumenta Germaniæ historica. Scriptores rerum Langobardicarum et Italicarum, sæc. VI-IX*. Hanovre, 1878, in-4°.

2. *Die Geschichtschreibung der Langobarden*, dans *Archiv.*, t. X, p. 335-414. La majeure partie du mémoire est bien entendu consacrée à Paul Diacre et à ses continuateurs.

3. *Monumenta ad Neapolitani ducatus historiam pertinentia*, t. I. Naples, 1881, in-4°.

4. *Indicazione delle Fonti della storia delle provincie Napoletane dal 568 al 1077*, dans *Archivio storico per le provincie Napoletane*, t. V, 1880, p. 437-469. L'existence de ce répertoire permet de ne signaler en principe que la dernière édition d'un texte, en renvoyant au travail de Capasso pour les éditions aujourd'hui vieillies qui se trouvent dans les recueils de Pellegrino (*Historia principum Langobardorum*, Naples, 1643, in-4°), de Pratilli (*Historia principum Langobardorum*, Naples, 1749, in-4°), de Grevius (*Thesaurus antiquitatum Italiæ*, Utrecht, 1694, 12 vol. in-fol.), de Di Blasi (*Series principum qui Langobardorum ætate Salerni imperarunt... ab a 840 ad a 1087*. Naples, 1786, in-fol.), etc., et même de Muratori.

même leurs historiens se rattachent à ceux de ces mêmes rois. L'historiographie lombarde de l'Italie méridionale a une double origine : d'une part, ce sont les catalogues de ducs et de princes, imités des catalogues de rois, accompagnés parfois de notes historiques, qui se développent au point de prendre la forme de chroniques ou d'annales. D'autre part Paul Diacre a trouvé des continuateurs qui ont repris le récit des évènements au point où lui-même l'avait laissé, c'est-à-dire à la coupure marquée, dans l'histoire d'Italie, par la chute du royaume de Didier et la conquête carolingienne. Ce sont les œuvres de ce genre qui constituent pour l'histoire de l'Italie méridionale la source la plus abondante et la plus sûre. Ce sont elles que je passerai d'abord en revue.

I. — Sources du Mont-Cassin.

Le recueil de morceaux divers dont G. Waitz [1], en dernier lieu, a publié la majeure partie sous le titre de *Chronica Sancti Benedicti Casinensis*, se compose de deux parties bien distinctes, transcrites dans un manuscrit du Mont-Cassin [2], de deux mains différentes, et longtemps publiées séparément [3]. La première, dont les érudits du XVIIIe siècle et de la première partie du XIXe siècle désignaient l'auteur sous le nom d'*Ignotus Casinensis*, est un récit des évènements dont les pays voisins du monastère

1. *SS. Rer. Lang.*, p. 467.

2. Sur ce ms., qui porte le n° 353 dans la bibliothèque du Mont-Cassin, cf. Bethmann, dans l'*Archiv*, t. X, p. 389-395, qui donne un état précis et détaillé des divers morceaux dont il est composé. On trouvera un fac-similé des deux miniatures placées en tête du volume dans Tosti, *Storia della badia di Monte-Cassino*, t. I (Naples, 1842, in-8°), p. 100, cf. aussi p. 128.

3. On trouvera l'indication de ces diverses éditions partielles dans Capasso, *op. cit.*, p. 443.

furent le théâtre de 839 à 867 [1], intéressant principalement au point de vue de l'histoire des invasions des Sarrasins, et de l'expédition dirigée contre ceux-ci par l'empereur Louis II. Le texte doit même avoir été écrit à une époque à laquelle le séjour du souverain dans les provinces lombardes se prolongeait encore, car celui qui l'a rédigé paraît ignorer la prise de Bari, en 871, et les évènements qui la suivirent [2]. Il constitue donc, malgré sa détestable latinité [3], une source de premier ordre : l'auteur, pour les dernières années, était témoin oculaire, et, pour la partie de son œuvre relative aux premières invasions, tenait ses renseignements *ex majorum dictu* [4]. Il a même eu entre les mains un document officiel, le capitulaire préparant l'expédition contre les Sarrasins, qu'il a inséré *in extenso* dans sa chronique [5].

La seconde partie, que l'on désignait seule autrefois sous le titre de *Chronica Sancti Benedicti*, est moins une chronique qu'un recueil de matériaux destinés à servir de point de départ à un ouvrage de ce genre. C'est un tableau synchronique des abbés du Mont-Cassin et des ducs lombards allant jusqu'à l'année 872, suivi de diverses listes d'empereurs, de papes, de ducs, accompagnées de notices historiques et qui se prolongent jusqu'au début du xe siècle. La compilation de ces catalogues, l'idée de les joindre au

1. Ce récit est d'ailleurs précédé d'une courte histoire des origines du monastère et de son existence jusqu'à la fin du VIIIe siècle, extraite et abrégée de l'*Historia* de Paul Diacre.

2. Je me sépare sur ce point de l'opinion de Bethmann, d'après lequel (*Archiv*., t. X, 390) le texte n'aurait été écrit qu'en 872.

3. Cf. sur la langue de l'auteur, Bethmann, *Ueber den Sprachgebrauch des Chronicon Casinense und des Andreas presbyter von Bergamo*, dans *Archiv*, t. IX, p. 659, qui d'ailleurs ne paraît tirer, des minutieuses observations philologiques et grammaticales faites par lui, aucune conclusion de caractère général.

4. *Chron. S. Benedicti*, c. 22, p. 480.

5. *Ibid.*, c. 3, p. 469.

texte précédent [1], doivent sans doute être attribuées à l'abbé Jean, dont l'abbatiat se place entre le 22 août 915 et le 31 mars 934, et dont Léon d'Ostie [2] et Pierre Diacre [3] mentionnent les travaux historiques [4]. Peut-être même la seconde partie du manuscrit doit-elle être considérée comme autographe [5].

Les *Annales Casinates breves* [6] ne sont qu'une série de courtes notes annalistiques [7], allant de 915, date de l'expulsion des Sarrasins du Garigliano, à l'année 1042, et inscrites, dans un manuscrit du Mont-Cassin, en marge d'une table des cycles de dix-neuf ans selon le comput de Bède [8].

Malgré le titre et le caractère de son ouvrage, c'est à la série des chroniqueurs du Mont-Cassin qu'il faut rattacher

1. L'abbé Jean est représenté sur la première page, offrant le volume à saint Benoît ; au début du XIIe siècle Pierre Diacre désigne sous le nom de *Chronica Johannis abbatis* l'ensemble des textes contenus dans celui-ci. Il en est de même de Léon d'Ostie, cf. la note suivante.

2. *Epistola ad dominum Oderisium*, *Mon. Germ.*, *SS.*, t. VII, p. 575 : « mox itaque repertis illis ipsis scriptiunculis, quæ de hac eadem materia lacinioso licet stilo videbantur vel breviter exarata, et precipue Chronica Johannis abbatis qui primus in Capua Nova monasterium nostrum construxit. »

3. *Liber de viris illustribus Casin.*, c. XV ; Migne, t. 173, col. 1024 : Johannes supradicti Casinensis cœnobii abbas, vir nobilis carne et spiritu, de persecutionibus ejusdem cœnobii, et de miraculis inibi factis chronicam succinctam sed valde necessariam loco descripsit.

4. Il appartenait d'ailleurs à la famille des comtes de Capoue, et à ce titre il devait s'intéresser à l'histoire de celle-ci.

5. Bethmann, *op. cit.*, p. 394.

6. Publiées par Pertz, *Mon. Germ.*, *SS.*, t. III, p. 171 ; cf. Gattola, *Accessiones*, t. II, p. 838.

7. Hirsch, *De inferioris Italiæ annalibus*, p. 49-52, suppose que ces *Annales Casinates* ne seraient qu'un extrait d'*Annales Casinenses* plus anciennes et plus étendues, qui auraient elles-mêmes été utilisées pour la rédaction des *Annales Cavenses minores*, mais son argumentation ne m'a pas semblé convaincante.

8. C'est le ms. n° 3 du Mont-Cassin. On en trouvera une description détaillée, mais très brève en ce qui concerne les annales elles-mêmes, dans la *Bibliotheca Casinensis*, t. I, p. 85.

l'*Historia Longobardorum Beneventanorum*[1] d'Erchempert, moine au Mont-Cassin[2], mais chassé du monastère comme ses compagnons par l'invasion des Sarrasins, et forcé de séjourner durant plusieurs années à Capoue. Son ouvrage, le plus complet et le plus intéressant de ceux que nous avons à passer en revue, pousse le récit des évènements jusqu'au mois de janvier de l'année 889, et la dernière phrase indique que l'auteur se proposait de le continuer[3]. L'œuvre est donc restée interrompue, mais il est douteux que ce soit par la mort de l'auteur, si ce dernier doit, comme il est vraisemblable, être identifié avec un *Erchempertus monachus de Castro Casino*, auteur d'un martyrologe et d'un traité de comput, conservés dans un manuscrit de Madrid[4], et datant du début du xe siècle. Quoi qu'il en soit, il parait certain que le texte qui nous est parvenu représente bien l'*Historia* telle que l'auteur l'avait laissée, car ni Léon Diacre[5], qui donne quelques renseignements sur Erchempert, ni l'auteur anonyme du *Chronicon Salernitanum*[6] qui l'a utilisé, ne semblent avoir connu de rédaction plus complète que celle que nous possédons. Erchempert se proposait de reprendre l'histoire des Lombards au point où l'avait laissée Paul Diacre, c'est-à-dire à l'époque de la conquête franque, à la chute de Didier, et à la constitution de la principauté indépendante de Bénévent sous le gouvernement d'Arichis. Il paraît avoir utilisé pour cette

1. *SS. Rer. Lang.*, p. 234.
2. Il était lui-même originaire du comté de Teano.
3. *Hist. Long. Ben.*, c. 32, p. 264 : « quod deinceps egerint, presenti opusculo inseram. »
4. Ms. A. 16 de la Bibliothèque Nationale. Le ms. est du XIIe siècle mais paraît représenter un original plus ancien (*Neues Archiv*, t. VI, p. 285) qui d'après la date à laquelle s'arrêtent les tables de comput qui y sont contenues devait dater du début du xe siècle (cf. *Archiv*, t. VIII, p. 176 et 187).
5. *Chron. Casinense*, l. I, c. 47. Cf. aussi Pierre Diacre, *Liber de viris illustr. Casin.*, c. 14 (Migne, t. 173, col. 1023).
6. Sur le *Chron. Salernitanum*, cf. infra, p. 14.

première partie une continuation de Paul Diacre composée au Mont-Cassin, et pour la suite, avoir voulu traiter en détail des évènements qu'il avait vu s'accomplir sous ses yeux, ou de ceux qui s'étaient produits au temps de la génération précédant la sienne, et dont il était instruit par les récits de témoins dignes de foi [1]. Pour la majeure partie de son récit, en effet, il n'est point à proprement parler contemporain, car il devait être encore jeune en 886, puisqu'il parle de son *preceptor* qui, à cette date, l'accompagnait à Capoue [2]. D'autre part il fait à diverses reprises appel à l'autorité des témoins qui lui ont rapporté tel ou tel fait [3]. D'ailleurs, dans toute cette dernière partie de son œuvre, la plus considérable et la plus intéressante, il parait bien informé et assez impartial. S'il se montre naturellement peu favorable aux ducs francs de Spolète [4], toujours prêts à menacer l'indépendance des principautés lombardes, il sait rendre justice aux qualités de l'empereur Louis II [5], et s'il prend le parti de ses compatriotes molestés par les compagnons de l'empereur [6], il a des paroles de blâme pour la trahison dont le duc Adelchis se rendit coupable vis-à-vis de ce dernier [7].

Il faut descendre jusqu'au début du XIIe siècle pour trouver à l'abbaye du Mont-Cassin un nouvel historien. Le moine Léon, originaire du pays des Marses et appartenant peut-être à la famille des comtes qui le gouvernaient, bibliothécaire du monastère, eut, à l'occasion de procès

1. *Hist. Long. Ben.*, c. 1, p. 234.
2. *Ibid.*, c. 21. Or Erchempert se proposait de « precipue ab Adelgiso... ystoriolam condere Langobardorum Beneventum degentium », c'est-à-dire depuis le milieu du IXe siècle.
3. *Ibid.* : « tot mihi sunt testes quot pene homines versantur in urbe », et c. 22 ; « ut a referentibus audivi. »
4. *Ibid.*, c. 17-18, c. 25, c. 62, c. 79.
5. *Ibid.*, c. 20 et 34.
6. *Ibid.*, c. 34.
7. *Ibid.*

soutenus par celui-ci, le devoir d'étudier certains points de son histoire. Il poursuivit ces travaux, et consacra à l'histoire de sa maison une œuvre qui pousse le récit des événements jusqu'à l'année 1094, et dont nous possédons quatre rédactions [1]. Léon, entré à l'abbaye vers l'an 1060 et y ayant passé sa vie jusqu'aux premières années du XIIe siècle, époque à laquelle le pape Pascal II l'appela à l'évêché d'Ostie (d'où le nom de Léon d'Ostie sous lequel le chroniqueur est habituellement désigné [2]), a connu et utilisé à peu près tous les textes antérieurs provenant de son monastère, non seulement les ouvrages historiographiques [3], mais aussi les documents diplomatiques. Au point de vue du récit des faits du IXe siècle, il n'ajoute à peu près rien au *Chronicon Sancti Benedicti* et à l'*Historia* d'Erchempert, qui lui ont servi de sources, mais pour le Xe il est susceptible de fournir un certain nombre de renseignements que nous ne retrouvons pas ailleurs, sans parler de ses analyses de pièces d'archives, analyses qui semblent faites avec soin, et qui peuvent rendre des services pour certains actes dont les textes ont aujourd'hui disparu.

Aux sources du Mont-Cassin on peut joindre la chronique qu'un moine d'une autre abbaye bénédictine, celle de Saint-Vincent du Vulturne, au diocèse d'Isernia, du nom de Jean, entreprit au début du XIe siècle, à l'instigation de l'abbé Girard [4]. Encouragé dans son travail par le pape Pascal II, auquel il communiqua en 1108 le début de son livre, durant le séjour fait par le souverain pontife à Bénévent [5], le moine Jean termina

1. Publ. par Wattenbach, *Mon. Germ.*, *SS.*, t. VII, p. 574.
2. On l'appelle aussi parfois *Leo Diaconus* ou *Leo Marsicanus*.
3. La liste de ses sources a été dressée par Wattenbach, *op. cit.*, p. 559-560.
4. Muratori, *SS. Rer. ital.*, t. I², p. 326 C.
5. *Ibid.*, p. 327 A. — Sur le séjour du pape à Bénévent dans les trois derniers mois de l'année 1108, cf. Jaffé, *Regesta pontificum*, n° 6205 et suiv.

son *Chronicon Vulturnense* sous l'abbé Benoît (v. 1110-1130) auquel il le dédia[1]. Le manuscrit original, orné de peintures curieuses, bien que moins remarquables que celles de la Chronique de Sainte-Sophie, a fait partie de la Bibliothèque Barberini[2], et se trouve aujourd'hui conservé à la Bibliothèque du Vatican. L'auteur annonce, au début de sa préface[3], l'intention de marcher sur les traces d'Eusèbe, d'Isidore de Séville, de Paul Diacre, et commence en effet son œuvre par une chronique du monde, depuis la Création jusqu'à la première Croisade, divisée en six âges, selon le type de Bède, suivie d'un catalogue des papes allant jusqu'en 1124. L'histoire proprement dite du monastère débute par la pure et simple reproduction d'une vie des premiers abbés (vers 720-730), composée à la fin du VIIIe siècle par un certain Autpert[4], et d'une autre biographie, sans valeur, des mêmes personnages[5]. L'œuvre même du moine Jean, qui vient ensuite, a consisté à « *instrumenta operum diversorum denique post catalogum imperatorum pontificumque Romanorum, ducum quoque et principum Langobardorum vitas, decessus, seu actus abbatum nostrorum pleniter digerere, precepta etiam regum, ducum, principum, vel quorumlibet oblationes fidelium admiscere*[6]. »

1. Muratori, *SS. Rer. ital.*, t. I², p. 326 B. — Jean fut lui-même plus tard abbé de Saint-Vincent, de 1130 à 1154.

2. Sous la cote XXXIV, 42. La meilleure description et la plus détaillée est celle de Bethmann (*Neues Archiv*, t. II, p. 344-347, cf. aussi *Archiv*, t. XII, p. 386), qui donne une analyse très détaillée du ms. et indique les nombreuses corrections à faire aux reproductions de dessins publiées par Muratori. La seule édition est celle de Muratori (*SS. Rer. ital.*, t. I², p. 325-523). Mais elle est fort défectueuse et présente des lacunes étranges. M. Federici, de l'Université de Rome, a entrepris de donner du texte une édition correcte (cf. *Archivio storico Romano*, 1901, p. 476)

3. *SS. Rer. ital.*, t. I², p. 326 D.

4. Publiée également par Waitz, *SS. Rer. Lang.*, p. 547.

5. Cf. *SS. Rer. Lang.*, p. 546.

6. *SS. Rer ital.*, I², p. 327 B.

C'est à Erchempert[1] qu'est empruntée la majeure partie du récit pour la partie qui s'étend jusqu'à la fin du IXe siècle, mais, pour la suite, Jean n'avait plus à sa disposition de source aussi copieuse et aussi sûre ; par suite les renseignements qu'il donne sont souvent bien peu précis, sauf les indications qui paraissent empruntées à une source annalistique, qui se présentait peut-être sous la forme d'un catalogue des princes lombards avec notes historiques, ou à un catalogue abbatial. Mais l'élément narratif est peu de chose dans l'ensemble de l'œuvre. Ce qui fait le principal intérêt de celle-ci, ce sont les documents diplomatiques insérés *in extenso* dans l'ouvrage. Le *Chronicon Vulturnense* est un cartulaire tout autant et plus qu'une chronique. Un certain nombre de ces documents, surtout parmi les plus anciens, peuvent d'ailleurs être considérés comme des faux. D'autre part, il est facile de s'apercevoir que les transcriptions ont été faites avec quelque négligence, ou même avec des altérations et des simplications volontaires. La chronologie est d'autre part fort hésitante, et déjà Muratori avait eu à relever de fréquentes contradictions entre les dates des diplômes et celle des abbatiats auxquels ils sont attribués. Le plus ancien de ces documents est un précepte de Gisolf I de Bénévent, probablement faux et rapporté à l'an 703[2], le plus récent une restitution faite au monastère, au mois d'août 1059[3]. Les pièces sont rangées par abbatiats, sous réserve des erreurs dont je viens de parler, mais sans aucun souci d'un ordre chronologique rigoureux.

1. Bethmann, *Archiv*, t. X, p. 375.
2. *SS. Rer. ital.*, I^2, p. 347.
3. *Ibid.*, p. 515. — La chronique proprement dite va jusqu'à l'année 1071, et Jean (*ibid.*, p. 327 E), se proposait de la continuer jusqu'au temps de l'abbé Benoît.

II. — Annales de Bénévent.

L'historiographie bénéventaine, pour la période qui nous occupe, est représentée par deux séries d'Annales désignées toutes deux sous le nom d'*Annales Beneventani*[1], sans parler d'une série d'Annales fausses, publiées par Pratilli[2] et composées à l'aide des premières de celles que j'indique ici : ce sont les *Annales Beneventani I*[3], qui vont de 788 à 1113, et les *Annales Beneventani II*[4],

1. Publiées toutes deux parallèlement par Pertz (*Mon. Germ.*, *SS.*, t. III, p. 173) qui donne aux premières le n° 1, aux secondes le n° 3, en réservant le n° 2 aux Annales de Pratilli, qu'il me semble inutile de faire entrer en ligne de compte.

2. *Hist. princ. Langobardorum*, t. IV, p. 360-380.

3. Pertz ne paraît pas en avoir connu de mss. et les donne seulement d'après les éditions antérieures. Capasso (*Archivio storico Napolitano*, t. V, p. 449), cite inexactement le ms. Vat. lat. 4925. En réalité il s'agit du ms. Vat. lat. 4928, qu'il n'est peut-être pas sans intérêt de décrire brièvement ici. C'est un volume de 363 feuillets de parchemin, plus quatre feuillets de garde, daté de 1120 environ, car au fol. 100, v°, se trouve la mention du possesseur du ms., le doyen Jean qui vivait à cette date (Falcon de Bénévent, *Chronique*, dans Muratori, *SS. Rer. ital.*, t. V, p. 96). Il provient, comme l'indique une note au 2e folio de garde, du cardinal Sirlet, et antérieurement, d'après une indication d'Assemani, au fol. 1, aurait été conservé au monastère de Sainte-Sophie, ce qui est confirmé par une note en haut du fol. 9, r°, relative à l'élévation au cardinalat d'Ascanio Colonna, abbé de Sainte-Sophie (5 juin 1606). Le ms., d'écriture lombardo-bénéventaine à rubriques, est ainsi constitué : Fol. 1-8 v° : Annales. — Fol. 9-14 v° : Calendrier, ne contenant ni obits ni mentions historiques. — Fol. 15-24 : Traité de comput. — Fol. 25-100 : Bréviaire. — Fol. 100 v°-363 : Psautier. Les huit premiers feuillets, qui contiennent les Annales, sont réglés à la pointe au recto. A gauche sont indiquées, en noir, les années de l'incarnation, puis, en rouge les indictions. Sur les blancs ainsi ménagés ont été inscrites les mentions historiques, dont les premières sont des obits, et qui en général n'occupent qu'une ou deux lignes, sauf depuis l'année 1083. A partir de 1114 les indications d'années sont disposées de deux en deux lignes, de façon à prévoir des notices plus abondantes. Mais les blancs ainsi ménagés sont restés vierges.

4. Ces Annales se trouvent dans le ms. Vat. lat. 4939, contenant la Chronique de Sainte-Sophie, dont j'aurai occasion de reparler plus loin.

allant de 759 à 1119, avec deux additions relatives aux années 1120 et 1128.

Ces dernières Annales proviennent du monastère de Sainte-Sophie. Quant aux *Annales Beneventani I*, certaines mentions me paraîtraient de nature à faire supposer qu'elles ont reçu leur forme actuelle dans le monastère de Saint-Barthélemi[1]. Les notices de ces deux séries annalistiques offrent d'ailleurs entre elles de très grandes analogies, et il est certain qu'elles ont eu une source commune[2], tout au moins un *substratum* commun, et remonter à d'anciennes Annales Bénéventaines aujourd'hui perdues, mais que semblent avoir également utilisées au XIIe siècle, au moins pour la partie antérieure à 1024, les rédacteurs des *Annales Barenses*[3] et des Annales dites de Loup le Protospataire[4]. Ces deux derniers textes, bien que très postérieurs, sont donc à consulter même pour la période qui nous occupe. Cette source commune, selon F. Hirsch[5], aurait eu le caractère d'une chronique plutôt que d'un texte annalistique. C'est ce qui explique-

Elles ont été transcrites d'une seule main jusqu'à l'année 1119, au fol. 15. Puis une autre main a préparé la suite en inscrivant la série des années et des indictions de 1120 à 1137. La mention annalistique de l'an 1120 est contemporaine, car on avait laissé pour l'inscrire un blanc suffisant entre les indications d'années 1120 et 1121, tandis que pour 1121-1137 ces indications d'années se suivent sans qu'on ait ménagé entre elles d'intervalles. En regard des années 1122 à 1126 ont été écrits ces mots : « Ex legibus Justiniani. Omnia autem privilegia que data sunt a nobis sacrosanctis ecclesiis et religiosis episcopis et clericis sive monachis maneant immutabilia. » — Enfin une dernière main a rajouté la mention relative à 1138.

1. Cf. années 838, 839 (qui se retrouvent dans les *Ann. Beneventani II*), et 1112, date à laquelle les deux séries se séparent.

2. Source commune allant peut-être seulement jusqu'à 1112 (Hirsch, *De inferioris Italiæ annalibus sæculi X et XI*. Berlin, 1864, in-8°, p. 9-11), car à partir de cette date les deux séries deviennent nettement distinctes, et rapportent des événements différents.

3. Publ. par Pertz, *Mon. Germ.*, *SS.*, t. V, p. 58.

4. *Ibid.*

5. *De inferioris Italiæ annalibus*, p. 11-16.

rait les nombreuses incertitudes et les inexactitudes des *Annales Beneventani I et II*, des *Annales Barenses* et de Loup. Il serait alors un peu surprenant que tous les textes dérivés de cette chronique perdue aient pris la forme annalistique. Je croirais plutôt à des annales anciennes, présentant, peut-être par la façon même dont elles avaient été transcrites, des difficultés ou des imperfections chronologiques, qui ont passé dans les documents que nous possédons aujourd'hui, et qu'il faut constater sans chercher à les expliquer, comme les historiens des siècles derniers, par l'emploi de *styles* divers (florentin, pisan, etc.), pour le point de départ des années de l'Incarnation. C'est d'ailleurs la pauvreté des sources pour le début du xe siècle qui fait le principal intérêt de ces Annales, car leurs mentions sont en général bien brèves et bien sèches, et ne suffisent point à remplacer les récits d'Erchempert.

Quant aux sources secondaires relatives à Bénévent, elles sont sans grande importance. Le récit en vers de la translation des Douze-Martyrs [1], en 760, mentionne quelques-unes des constructions d'Arichis, qui fut, comme l'on sait, un grand bâtisseur. La *Translatio sancti Mercurii* [2], vers 768, ne contient à peu près aucun renseignement historique, et si la *Translatio sancti Heliani* [3] fait connaître une ambassade envoyée par Arichis à Constantinople, elle n'en indique ni l'objet, ni les résultats. La *Translatio sanctorum Januarii, Festi et Desiderii* [4], et la *Translatio sancti Bartholomei* [5] sont encore moins importantes au point de vue historique.

1. *SS. Rer. Lang.*, p. 574 ; *Bibl. hag. lat.*, n° 2299. On en a également une translation en prose (*AA. SS. Boll.*, sept., I, p. 142-144 ; *Bibl. hag. lat.*, n° 2300).
2. *SS. Rer. Lang.*, p. 576 ; *Bibl. hag. lat.*, n° 5936.
3. *SS. Rer. Lang.*, p. 581 ; *Bibl. hag. lat.*, n° 3799.
4. *AA. SS. Boll.*, 19 sept., VI, p. 888 ; *Bibl. hag. lat.*, n° 4118.
5. *AA. SS. Boll.*, 25 août, V, p. 42 ; *Bibl. hag. lat.*, n° 1007.

III. — Sources de Salerne et de Naples.

L'historiographie Salernitaine est surtout représentée pour nous par la Chronique [1] que rédigea, au temps de Paldolf Tête-de-Fer († 981), un moine de Salerne, auquel Pratilli [2] et Muratori [3] ont voulu, d'après une pièce de vers placée en tête de son œuvre [4], donner le nom d'Ardericus, mais que les historiens des derniers siècles citent plus souvent sous le nom d'*Anonymus Salernitanus*, tandis que les modernes désignent son ouvrage par le titre de *Chronicon Salernitanum*. L'auteur anonyme était moine [5], à ce qu'il semble, et vivait à Salerne, où il avait accès dans le palais et les archives des princes de cette ville [6], mais il semble avoir également connu des textes conservés au Mont-Cassin [7], et peut-être à La Cava [8]. Du reste, nous ne savons rien sur sa personnalité. Comme Erchempert, dont il a d'ailleurs utilisé l'*Historia*, il prend les événements au point où s'arrête l'ouvrage de Paul Diacre, c'est-à-dire à la chute du royaume lombard, et poursuit le récit jusqu'à l'année 974. Pour la première partie de son œuvre, il emprunte à l'*Historia Longobardorum Beneventanorum* la majeure partie de ses rensei-

1. La dernière édition est celle de Pertz, *Mon. Germ.*, *SS.*, t. III, p. 467.
2. *Hist. principum langobardorum*, t. II, p. 37.
3. *SS. Rer. ital.*, t. II¹, p. 287-288.
4. *Mon. Germ.*, *SS.*, t. III, p. 469.
5. *Chron. Salern.*, c. 33. — Pertz, *Introd.*, p. 467, semble avoir attribué à un monastère de Salerne une anecdote qui se rapporte plutôt à l'abbaye du Mont-Cassin.
6. *Chron. Salernitanum*, c. 84 : « Et ipsum fœderis scriptum in hac Salernitana urbe adhuc hactenus manet. »
7. En tout cas il paraît avoir utilisé le *Chron. Sancti Benedicti Casinensis* dans le ms. même de l'abbé Jean (Bethmann, dans *Archiv*, t. X, p. 394), qui nous a conservé ce texte (cf. supra).
8. Du moins il reproduit, au c. 34, une lettre qui n'est aujourd'hui conservée que dans un ms. de La Cava.

CHRONIQUE DE SAINTE SOPHIE DE BÉNÉVENT

Manuscrit Vat. lat. 4939 fol. 73 v°.

(Grandeur de l'original : 290mm × 210mm)

Phototypie Berthaud, Paris

gnements, et n'a donc pas grande valeur originale. Cependant il a connu des inscriptions [1], qu'il insère *in extenso* dans son texte, et même des documents officiels qu'il reproduit également, comme le traité de partage entre Radelchis et Siconolf [2], en 843, ou la lettre de Louis II à Basile le Macédonien [3]. Pour le xe siècle, il abonde en détails et en anecdotes. Mais la chronologie n'existe pour ainsi dire pas, en dehors des quelques données qui semblent empruntées à un catalogue de princes lombards [4]. D'autre part, les détails proprement historiques sont trop souvent noyés au milieu d'une foule de légendes et d'historiettes empruntées à la tradition populaire. C'est là surtout ce qui explique la méfiance dont il a souvent été l'objet, et ce qui, en effet, le rend souvent difficile à utiliser, faute d'autres récits permettant de contrôler le sien [5].

Pour Naples, ce n'est plus à Paul Diacre que se rattache la source principale. Comme à Ravenne [6], c'est le *Liber pontificalis* de l'église de Rome qui a servi de modèle aux vies des évêques de la ville. Les *Gesta episcoporum Neapolitanorum* [7] ont été écrits, à la fin du VIIIe siècle ou au début du IXe, par un auteur anonyme qui disposait de sources assez nombreuses, Isidore, Bède, le *Liber Ponti-*

1. *Chron. Salern.*, c. 20 et 21, p. 482 et 483 ; c. 29, p. 485.
2. *Ibid.*, c. 84, p. 510.
3. *Ibid.*, c. 107, p. 521. — Cf. *Le Moyen-Age*, 1903, p. 185.
4. Un catalogue de ce genre se trouve d'ailleurs placé en tête de la Chronique.
5. Comme autres sources Salernitaines il n'y a guère à mentionner, et encore comme très accessoires, que les *Annales* de Romuald de Salerne qui vivait au XIIe siècle (*Mon. Germ.*, *SS.*, t. XIX, p. 398), et des *Annales Cavenses* très brèves, qui vont de 569 à 1305 (*ibid.*, t. III, p. 185).
6. Agnellus, *Liber pontificalis ecclesiæ Ravennatis*, dans *SS. Rer. Lang.*, p. 275.
7. Ed. Waitz, *SS. Rer. Langob.*, p. 398, et Capasso, *Monumenta Neapolitani ducatus*, t. I, p. 155, avec une annotation historique très abondante et en appendice le texte d'un ancien catalogue épiscopal.

ficalis, la chronique attribuée à saint Jérôme, et qui a même trop bien utilisé celles-ci, en ce sens qu'il est arrivé à donner à son œuvre le caractère d'une histoire universelle plutôt que d'une chronique de l'église de Naples. Ce travail, sans grand intérêt, a été, à la fin du IXe siècle, continué jusqu'à la mort de l'évêque Athanase par Jean, diacre de Saint-Janvier, écrivain parfois un peu diffus, mais soigneux, plus correct que la plupart de ceux dont j'ai eu occasion de parler jusqu'ici, sachant se restreindre aux faits intéressant son sujet (peut-être parce qu'il avait à sa disposition moins de textes étrangers que son prédécesseur), et, semble-t-il, assez soucieux de la vérité. Un peu plus tard, un second rédacteur a repris le récit de la vie de l'évêque Athanase [1], en prenant pour base le récit de Jean Diacre, mais en y ajoutant quelques détails et quelques renseignements nouveaux, dont il y a lieu de tenir compte.

Les autres sources napolitaines du IXe siècle sont d'ordre purement hagiographique [2] et sans intérêt au point de vue de l'histoire générale [3].

IV. — Catalogues de Princes lombards.

Les catalogues de princes lombards ont joué un rôle si important dans le développement de l'historiographie

1. Ed. Waitz, *ibid.*, p. 439. Capasso a publié en notes de son édition des *Gesta episcoporum* les morceaux ajoutés par l'auteur de la *Vita Athanasii*. Nous avons du même auteur une *Translatio S. Athanasii* (Waitz, *ibid.*, p. 449 ; Capasso, p. 282).

2. Elles ont été réunies par Capasso, *Monumenta*, t. I, p. 269.

3 C'est à dessein que je n'ai pas mentionné certains textes souvent cités par les auteurs du XVIIIe siècle, en particulier le *Chronicon Cavense* (Pratilli, *Hist. princ. Langobardorum*, t. IV, p. 386), et le *Chronicon comitum Capuæ* (*Mon. Germ.*, *SS.*, t. III, p. 207), dont la fausseté a été péremptoirement démontrée par Köpke (*Archiv*, t. IX, p. 1-283). On trouvera une liste de ces œuvres apocryphes dans le travail précité de Capasso (*Arch. stor. Napoletano*, p. 449-450).

latine de l'Italie méridionale qu'il parait indispensable d'en donner ici une liste sommaire, en renvoyant pour plus de détails à l'article de Capasso [1].

I. *Catalogus Casinensis*, de Zotto (590) à Landolf et Atenolf (910) [2].

II. *Catalogus Salernitanus*, de Zotto à Radelchis (840) [3].

III. *Catalogus Cavensis*, de Zotto à Atenolf II (932) [4].

IV. *Catalogus Beneventanus Sanctæ Sophiæ*, de Zotto à Landolf VI (1077) [5].

V. *Catalogus ducum Beneventi et principum Salerni*, de Zotto au roi normand Guillaume II (1189) [6].

VI. *Catalogi comitum Capuæ :* A, de Landolf et Atenolf (909) à Atenolf II (943) [7] ; — B, de Landolf et Atenolf à Adémar (1001) [8].

VII. *Chronica Langobardorum seu monachorum de monasterio sanctissimi Benedicti* (720-872) [9].

VIII. *Chronicon ducum et principum Beneventi, Salerni et Capuæ, et ducum Neapolis* (518-964) [10].

Il est aisé de se rendre compte en comparant ces divers catalogues, que tous se rattachent à une source commune, et que certains d'entre eux, comme les n°s II, III et IV,

1. *Arch. stor. Napoletano*, t. V, p. 439-442.

2. Ms. 353 du Mont-Cassin, publ. *SS. Rer. Lang.*, p. 487. Le texte est de diverses mains. Le ms. qui le contient est celui de la *Chronica sancti Benedicti*, cf. supra.

3. Ms. Vat. lat. 5001 (manuscrit du *Chron. Salernitanum*) ; publ. *SS. Rer. Lang.*, p. 493-495.

4. Ms. 22 de la Cava ; publ. *ibid.*, p. 493-5.

5. Ms. Vat. lat. 4939 (manuscrit de la Chronique de Sainte-Sophie, dont je parlerai plus loin) ; publ. *Mon. Germ.*, *SS.*, t. III, p. 202.

6. Publ. par Muratori, *SS. Rer. ital.*, II[a], p. 349 « ex ms. codice Salerni in cenobio D. Nicolai delitescente ». Ce ms. semble aujourd'hui perdu.

7. Ms. 353 du Mont-Cassin ; publ. *SS. Rer. lang.*, p. 498.

8. Ms. 22 de la Cava, publ. *ibid.*

9. Ms. 353 du Mont-Cassin ; publ. *ibid.*, p. 480.

10. Ms. 580 de Vienne et 3899 de Bruxelles ; publ. *Mon. Germ.*, *SS.*, t. III, p. 21. — A ces listes il faudrait joindre celles qui ont été connues par les auteurs d'œuvres plus développées, comme les *Annales Beneventani*, et qui leur ont fourni les mentions relatives à la durée de tel ou tel principat.

ont les uns avec les autres des rapports très étroits. Les nos II et IV renferment cependant tous deux des indications sur la durée totale de certaines périodes de l'histoire du principat qui ne se retrouvent pas dans le no III. Les catalogues du no VI sont accompagnés de notices historiques. Ceux du no VII sont conçus sous la forme de tableaux synoptiques des princes de Bénévent et de Salerne, des émirs arabes, des empereurs et des abbés du Mont-Cassin. D'ailleurs il ne semble pas qu'aucune de ces listes, telles que nous les possédons actuellement, ait pu servir de source aux autres. Les durées de règne attribuées à chaque prince diffèrent selon les rédactions, et le no I omet même complètement les indications relatives à Liutprand, qui se retrouvent partout ailleurs. Il est possible qu'il y ait eu un premier catalogue, s'arrêtant à la chute du royaume lombard et à la transformation du duché de Bénévent en principauté indépendante. C'est peut-être ce qui expliquerait cette singulière omission du nom de Liutprand, dont je viens de parler. D'autre part les différences entre le *Catalogus Salernitanus* (no II), le *Catalogus Cavensis* (no III), le *Catalogus S. Sophiæ* (no IV) sont surtout marquées à partir du principat de Radelchis (840); il est donc possible qu'il y ait eu une deuxième rédaction s'arrêtant à cette date (qui est celle de la séparation des principautés de Bénévent et de Salerne), et utilisée par les compilateurs de ces trois listes dont les rapports entre elles sont manifestes. La présence du nom d'Audelais, presque inconnu d'ailleurs, dans les nos III et V, permet de leur supposer une origine commune, probablement salernitaine, puisqu'en dehors de ces deux textes Audelais n'est mentionné que par les *Annales Cavenses*, et cette constatation est parfaitement d'accord avec le fait que ces deux catalogues sont fournis par des manuscrits contenant d'autres textes salernitains.

V. — Textes diplomatiques.

Les documents diplomatiques relatifs à la période ici étudiée ont à peu près tous été publiés. Je ne crois cependant pas inutile d'indiquer au moins les plus importants parmi les dépôts d'archives où l'on peut encore espérer trouver quelques pièces à glaner, ou retrouver les originaux des textes publiés depuis le XVIe siècle par les érudits italiens.

Il n'existe point pour le Mont-Cassin de cartulaire imprimé, mais la plupart des documents, et en particulier des diplômes des princes lombards, ont été publiés par Margarini [1], Gattola [2] et Tosti [3]. Dans les archives du monastère les diplômes originaux sont, depuis une époque assez ancienne, divisés en *capsæ*, ou tiroirs, chaque *capsa* comportant un certain nombre de numéros. Il en existe un index manuscrit datant du début du XIXe siècle. Quelques-uns des documents relevés dans cet index semblent d'ailleurs ne plus se retrouver aujourd'hui.

Parmi les cartulaires de l'abbaye [4], le seul intéressant au point de vue qui nous occupe est le célèbre registre de Pierre Diacre. C'est un volume de 259 feuillets de parchemin, mesurant 235^{mm} sur 340, avec une ancienne numérotation en rubrique. C'est en rubrique également qu'ont été tracés les titres des actes et les monogrammes repro-

1. *Bullarium Casinense, seu constitutiones pontificum, imperatorum, regum...* etc. Venise, 1650-1670, 2 vol. in-fol.
2. *Historia abbatiæ Casinensis, sæculorum serie distributa*. Venise, 1733, 2 vol. in-fol. *Accessiones ad historiam abbatiæ Casinensis*, 1734, 2 vol. in-fol.
3. *Storia della badia di Monte-Casino*. Naples, 1842-1843, 2 vol. in-8°.
4. Sur ces registres (*Registrum sancti Placidi*, *Registrum sancti Angeli in Formis*, etc.), cf. Capasso, *op. cit.*, p. 465; Bethmann, dans *Archiv*, t. XII, p. 509 et 511-514, et Kehr, *Le bolle pontificie anteriori al 1198 che si conservano nell' Archivio di Monte-Casino*, extr. de *Miscellanea Cassinese*, 1899, p. 7-9.

duits. Le registre est écrit à deux colonnes, d'une écriture cassinienne du XIIe siècle, mais d'autres actes ont été ajoutés de diverses mains, soit à la fin, soit dans les 10 feuillets préliminaires, qui contiennent la dédicace et des tables. Les documents sont pourvus d'une numérotation moderne allant du n° 1 au n° 641, mais qui ne tient pas compte des documents ajoutés. Pour la composition même du registre on a suivi un certain ordre et transcrit successivement les actes pontificaux, les diplômes des empereurs, des rois d'Italie et des « rois » de Sardaigne, puis les chartes des princes lombards et des particuliers, avec un visible effort pour ranger ces dernières par abbatiats [1].

Les documents relatifs à Bénévent ont été publiés par Borgia [2], par De Vita [3], par Ughelli [4], sans parler de recueils d'un caractère plus général. Beaucoup d'actes connus par ces divers érudits semblent avoir aujourd'hui disparu. Les plus intéressants parmi ceux des originaux qui subsistent encore sont actuellement conservés à la bibliothèque capitulaire, où ils forment une série de *pergamene*, rangées par ordre chronologique et accompagnées de transcriptions modernes souvent défectueuses [5]. — L'un des recueils les plus importants de documents pour

1. Il faut ajouter qu'un certain nombre de feuillets avaient été laissés en blanc à la suite des diverses séries. Ils ont été remplis après coup par des actes qui se trouvent ainsi en dehors de la place qu'ils devraient régulièrement occuper.

2. *Memorie storiche della pontificia citta di Benevento*. Rome, 1763-1769, 3 vol. in-4°.

3. *Thesaurus antiquitatum Beneventanarum*. Rome, 1754, in-fol.

4. *Italia sacra*, éd. Coleti, t. VIII, p. 18 et suiv.

5. L'*Archivio vescovile*, au rapport de l'archiviste, ne contient que des documents de l'époque moderne. A la bibliothèque de l'évêché on affirme également ne pas avoir d'actes anciens. Des documents du XIe siècle et de la période suivante sont conservés à l'Orfanotrofio di S. Filippo. — Sur ces divers dépôts cf. Bethmann, dans l'*Archiv*, t. XII, p. 525, et Kehr, *Papsturkunden in Benevent und in Capitanata* (Gœttingue, 1898, in-8° ; extrait des *Nachrichten* de l'Académie de Gœttingue).

l'histoire de la principauté de Bénévent est celui des actes concernant l'église de Sainte-Sophie. Le cartulaire de cet établissement, assez improprement désigné sous le nom de chronique parce qu'il est précédé d'Annales dont j'ai déjà eu occasion de parler, est aujourd'hui conservé au Vatican. Il serait à désirer qu'il en fut fait une édition correcte, susceptible de remplacer le texte très défectueux publié par Ughelli [1].

Quant aux documents relatifs à Capoue [2], ceux qui remontent à la fin du Xe siècle sont des actes privés dont la plupart ont été transportés à l'*Archivio di Stato* de Naples. Les plus anciens parmi les documents conservés dans ce dernier dépôt, qui remontent à l'année 703, ont été l'objet d'une publication intégrale [3]. Pour Salerne les documents sont épars dans divers recueils, mais l'on pourra utilement consulter le regeste donné par Schipa [4]. A l'évêché, l'*Archivio della mensa*, outre ces registres et des papiers divers de l'époque moderne, possède une série de *pergamene* allant du IXe siècle au XVIe. Ce sont des originaux ou des copies anciennes de diplômes, de chartes privées et de bulles pontificales, qui avaient été l'objet, au XVIIIe siècle, d'un classement chronologique permettant de les retrouver facilement dans les quatre *arcæ* (buffets), entre lesquelles elles étaient réparties. Le classement est aujourd'hui très approximatif et le nombre des pièces déplacées ou perdues très considérables.

1. Le ms. est assez important pour mériter tout au moins une description sommaire que je rejette ci-après, pour ne pas interrompre l'énumération des divers groupes de documents.

2. Cf. Bethmann, *loc. cit.* et Kehr, *Papsturkunden in Campanien* (Gœttingue, 1900, in-8°; extrait des *Nachrichten* de l'Académie de Gœttingue).

3. *Regii Neapolitani Archivi monumenta*. Naples, 1846-61, 6 vol. in-4°.

4. *Il principato Longobardo di Salerno*. Naples, 1887, in-8, p. 193-220, qui serait d'ailleurs à compléter sur certains points. Cf. Bethmann, *op. cit.*, p. 529, et Kehr, *Papsturkunden in Salerno, La Cava und Neapel* (Gœttingue, 1900, in-8°).

Tous les documents concernant la célèbre abbaye de La Cava, conservés encore dans ses archives parfaitement tenues[1], ont reçu, au début du XIXe siècle, un classement chronologique, dû à dom Ignazio Rossi et remplaçant l'ancien classement par ordre topographique. C'est dans cet ordre chronologique qu'ils ont été intégralement publiés par les éditeurs du *Codex diplomaticus Cavensis*[2], dont les 8 volumes actuellement parus embrassent seulement la période comprise entre 792 et 1065[3].

Appendice. — Chronique de Sainte-Sophie.

Le manuscrit du cartulaire improprement désigné sous le nom de Chronique de Sainte-Sophie de Bénévent est aujourd'hui conservé à la Bibliothèque du Vatican sous le n° 4939 des manuscrits latins du fonds Vatican proprement dit. C'est un volume de 290[mm] sur 210, comprenant 217 fol. de parchemin avec 2 fol. préliminaires. A l'intérieur de la reliure en bois, recouverte de cuir rouge aux armes de Paul V, se trouve la mention « Emptum ex libris cardinalis Sirleti ». Cependant il ne semble pas que l'on puisse trouver aucune mention susceptible de s'appliquer à ce volume, ni dans l'inventaire des livres du cardinal passés au Vatican[4], ni dans le catalogue des ouvrages qui, après avoir figuré dans la bibliothèque de Sirlet, firent

1. Sur l'histoire des archives de La Cava et leurs divers classements, cf. Guillaume, *Essai historique sur l'abbaye de Cava*. La Cava, 1877, in-8, p. XCIX-CVI.

2. *Codex diplomaticus Cavensis, nunc primum in lucem editus*, curantibus DD. Michaele Morcaldi, Manso Schiani, Sylvano de Stephano. Naples, Pise, Milan, 1873-1883, 8 vol. in-4°.

3. Les Cartulaires d'Amalfi (Capasso, *op. cit.*, p. 466), de Tremiti (J. Gay, dans *Mélanges d'archéologie et d'histoire,* de l'École française de Rome, t. XVII, p. 387), de Bari (cartulaire factice en cours de publication) ne fournissent point d'actes intéressants à notre point de vue.

4. Ms. Vat. lat. 6163. — Cet inventaire a été signalé et en partie publié par M. L. Dorez dans les *Mélanges d'archéologie et d'histoire*, t. XI, p. 457.

partie de celle d'Ascanio Colonna [1]. Borgia [2] accuse d'ailleurs formellement ce dernier d'avoir profité de sa qualité d'abbé commendataire de Sainte-Sophie pour enlever de Bénévent ce manuscrit, en même temps que quelques autres. Après la mort d'Ascanio Colonna, Paul V les fit remettre à la Vaticane.

Le manuscrit est écrit à longues lignes, d'une écriture bénéventaine fort belle et fort régulière en général. En tête de chaque acte figure une rubrique, reproduite dans les tables qui précèdent chacune des six parties dont se compose le recueil. De nombreuses corrections, soit grammaticales, soit orthographiques, ont été faites par le rubricateur. Des mains un peu postérieures ont ajouté en marge quelques notes. Je signalerai comme particulièrement intéressante au point de vue linguistique celle qui se trouve au verso du folio 82, et dans laquelle on a voulu donner l'explication d'un mot d'origine germanique, ce qui prouve qu'au XIIe siècle les populations lombardes de l'Italie méridionale se préoccupaient encore de la langue parlée par leurs ancêtres du VIe : « Arimannus est homo sine alterius conditione, et dicitur quasi herus mannus, quod est herilis homo. Teutonica quidem lingua *mann* est homo, *her* herus. » Le manuscrit est orné d'initiales peintes en couleurs vives, rouge, bleu, jaune, vert, à entrelacs compliqués et à têtes d'animaux fantastiques, caractéristiques de la calligraphie lombarde. Ces initiales sont surtout nombreuses dans la dernière partie, et s'y trouvent d'ailleurs plus variées que dans les premières, où la lettre ornée est toujours l'I

1. Ms. Vat. lat. 6937, fol. 50-205. Cf. sur les vicissitudes subies par cette collection, P. Batiffol, *La Vaticane de Paul III à Paul V*. Paris, 1890, in-12, p. 61-62.

2. *Memorie di Benevento*, t. I, p. 51. Cf. les notes sur les antiquités de Bénévent, du XVIIe siècle, qui se trouvent dans le ms. XXX. 135 de l'ancienne Bibliothèque Barberini (fol. 23) : « I libri manoscritti che erano a S[a] Sophia in tempo che ne fu abbate comendatore ill[mo] Ascanio card. Colonna furono trasferiti in Roma. »

du mot IN de l'invocation des diplômes. En outre, en tête d'un certain nombre d'actes, se trouvent placés des dessins au trait ou des miniatures représentant les personnages au nom desquels sont donnés ces documents.

Les feuillets 1 à 15 du volume sont occupés par les Annales de Bénévent dont j'ai déjà parlé ; les feuillets 16 à 22 par des extraits de bulles et de décrétales. Les textes historiques reprennent aux feuillets 23 et 24 avec le catalogue des ducs de Bénévent. Aux feuillets 25 et 26 sont copiés trois diplômes d'Arichis. Au fol. 26 v° se trouve la préface, qui indique à la fois la date à laquelle fut composé le recueil et l'objet de celui-ci :

> ... Anno incarnationis domini nostri Jesu Xpisti millesimo centesimo nono decimo, ejusdem domus tam principum quam imperatorum pontificumque romanorum necnon Beneventanorum aliorumque probatissimorum virorum exemplar preceptorum hoc in libello generaliter studium fuit nobis scribere, quatenus si quid rerum tam possessarum quam concessarum eidem ecclesie, sive in instanti, sive in preterito, sive in futuro, per supradictarum personarum precepta questionis oriatur, facile in primis ad hunc libellum quasi generaliter recurratur. Deinde per singulum quod queratur preceptum sine labore atque ambiguitate titulo ejus inspecto et libelli divisione considerata specialiter perveniatur ; quo ex precepto auctoritate sumpta inviolabili supradicte questioni satisfieri valeant. Quocirca et in divisiones libellum secari et titulum unicuique precepto placuit ascribi.

Le recueil d'actes commence véritablement au fol. 27 avec la table des 43 numéros qui en constituent la première partie. Malgré l'accusation de désordre portée par Troya [1] contre le compilateur du *Chronicon*, celui-ci semble bien avoir observé une certaine méthode [2]. Les

1. *Codex diplomat. Langob.*, t. III, p. 81, n° 1.

2. Il faut reconnaître toutefois que l'on ne voit guère quel a été l'ordre adopté pour la répartition des actes ducaux entre les trois premières parties.

six divisions entre lesquelles il a réparti les actes sont en effet ainsi constituées :

I.	Fol. 26-68.	Actes des princes lombards (115).
II.	Fol. 69-86 v°.	
III.	Fol. 87-125 v°.	
IV.	Fol. 126-138 v°.	Privilèges impériaux (7).
V.	Fol. 139-161 v°.	Privilèges pontificaux (14).
VI.	Fol. 162-202 v°.	Chartes de comtes et d'évêques (29).

Les chartes qui occupent les fol. 203 à 217 ont été rajoutées après coup, de diverses mains. Au total, sans compter les fragments, le manuscrit fournit 181 diplômes du VIIIe au XIIe siècle, émanant tous de personnages d'un rang élevé. Ces actes paraissent, d'ailleurs, en général authentiques, à l'exception de celui qui ouvre le recueil, diplôme d'Arichis d'une longueur exagérée, évidemment formé à l'aide de plusieurs autres réunis pour constituer un privilège de confirmation générale des biens du monastère et il semble qu'il y ait lieu également de soupçonner quelques interpolations dans certains diplômes des princes de Capoue et de Bénévent.

La seule édition complète de la chronique est jusqu'à présent celle d'Ughelli [1]. Les défectuosités de cette publication ont été depuis longtemps signalées [2]. En outre, on peut constater dans le manuscrit l'absence de 30 actes qui se trouvent dans l'*Italia sacra* [3], et qui sont des faux grossiers, comme il est aisé de s'en convaincre par un examen même superficiel [4]. Ce sont ces documents qui

1. *Italia sacra*, ed. Coleti (Venise, 1717-1722, 10 vol. in-fol.), t. X, 2e partie, col. 415-560.

2. Borgia, *Memorie di Benevento*, t. III, p. 5; Pflugk-Harttung, *Iter Italicum*, p. 126. — Le texte est fautif, les dates de divers diplômes sont gravement altérées, et certains actes ont même été complètement omis.

3. Col. 522-525 et 537-547.

4. Cf. sur ces actes K. Voigt, *Beiträge zur Diplomatik der langobardischen Fürsten von Benevent, Capua und Salerno (seit 774)*. Gœttingue, 1902, in-4°, p. 49-58.

avaient donné occasion à certains critiques [1] de déclarer suspects tous les actes ajoutés au texte primitif de la compilation et même jeté un certain discrédit sur la chronique elle-même. Ughelli paraît cependant avoir utilisé pour son édition le manuscrit du Vatican [2]. Faut-il croire qu'il ne l'a pas consulté directement, et que l'intermédiaire qui lui en communiqua la copie abusa de sa confiance? Ou bien le *codex Vaticanus* dont il parle est-il distinct du Vat. lat. 4939 et aujourd'hui perdu? Il ne semble pas que l'on se trouve en présence de faux anciens, faits pour servir les intérêts du monastère et la première hypothèse me paraîtrait plus vraisemblable [3].

1. Capasso, *Arch. storico Napolet.*, t. I, p. 465, considère ces actes comme « modelli de diplomi inserti in qualche formolario in uso presso la corte dei principi di Benevento, o lavori scherzevoli di qualche monaco del secolo XI ».

2. Voigt, *op. cit.*, p. 57.

3. Il semble que le faussaire se soit surtout proposé de faire intervenir dans ces actes de prétendus officiers palatins d'un caractère bizarre, vigneron, cordonnier, pêcheur, etc. — Les actes sont attribués aux plus anciens ducs, comme Arichis, Adelchis et Gisolf.

II

CHARLEMAGNE ET LA PRINCIPAUTÉ LOMBARDE

La prise de Pavie (milieu de juin 774) avait fait de Charlemagne le souverain de tout l'ancien royaume lombard, à l'exception des duchés, déjà à peu près indépendants en fait, de Spolète et de Bénévent [1]. A la tête de ce dernier se trouvait le duc Arichis, que l'on peut considérer comme le véritable fondateur de l'Etat lombard de Bénévent, qui devait se diviser plusieurs fois, mais en somme subsister pendant près de deux siècles et demi, en dépit des convoitises dont il était l'objet de la part de ses deux puissants voisins, l'empire d'Occident d'une part et l'empire d'Orient de l'autre.

Bien qu'établi en 758 par un acte d'autorité de Didier, qui voulait remplacer le duc rebelle Liutprand [2], il est possible

1. Sur ces évènements, cf. F. Hirsch, *Papst Hadrian I und das Herzogthum Benevent*, dans les *Forschungen zur deutschen Geschichte*, t. XIII, p. 39 ; Pugliese, *Arechi, principe di Benevento e i suoi successori*, Foggia, 1892, in-8°, et surtout Gay, *L'Italie méridionale et l'empire byzantin*, p. 29 et suiv.

2. Hirsch, *Das Herzogthum Benevent bis zum Untergang des longobardischen Reichs*, Berlin, 1871, in-4°.

qu'Arichis ait appartenu à la famille de son prédécesseur. Paul Diacre en effet le dit « issu de la race des ducs et des rois »[1], et nul texte ne paraît contredire ce témoignage en présentant Arichis comme étranger par sa naissance au duché de Bénévent[2]. Nous ne sommes directement renseignés sur sa personnalité que par des écrivains partisans des idées d'indépendance lombarde, comme Erchempert, ou par des épitaphes nécessairement bienveillantes. Ce sont donc là des documents suspects au point de vue de l'impartialité. Il semble néanmoins qu'il ne faille pas trop se hâter de rejeter les renseignements qu'ils peuvent fournir. Erchempert vivait à une époque assez éloignée de celle d'Arichis pour pouvoir porter sur ce prince un jugement à peu près indépendant, bien que représentant tout au moins la tradition nationale bénéventaine. Il fait l'éloge de sa piété et de sa bravoure, et sans parler des épithètes laudatives plus ou moins vagues accumulées par Paul Diacre[3] dans l'épitaphe composée par lui, il semble que tous les textes soient d'accord sur ces deux points[4].

1. *Epitaphium Arichis*, dans *Mon. Germ.*, in-4°, *Poetæ latini medii ævi*, t. I, p. 67 :

« Stirpe ducum regumque satus... »

2. Pugliese, *Arechi e i suoi primi successori*, p. 28, d'après le nom porté par le duc, croit celui-ci originaire du Frioul, et parent d'Arichis Ier qui vivait au VIe siècle. Mais ni Paul Diacre ni Erchempert ne font allusion à cette origine étrangère. D'une anecdote rapportée par le *Chronicon Salernitanum*, c. 19, on pourrait conclure que dans tous les cas la tradition faisait s'écouler à Bénévent la jeunesse d'Arichis. Mais l'auteur du *Chronicon* représente ensuite l'élection d'Arichis comme ayant eu lieu dans des conditions exactement opposées à celles que nous connaissons par ailleurs, de sorte que la valeur de son témoignage en ce qui concerne les premières années du prince paraît assez faible.

3. *Epitaphium Arichis*, v. 9-10 :

« Formosus, validus, suavis, moderator et acer,
Facundus, sapiens, luxque decorque fuit. »

Pour faire l'éloge de Romuald, l'auteur de son épitaphe, qui est peut-être également Paul Diacre, l'appelle *novus Arichis* (*Poetae lat.*, t. I, p. 111.)

4. « Religione patrem æquiperans », dit l'épitaphe de Romuald, *loc. cit.* Celle de Cesarius, consul de Naples (*ibid.*, p. 412), donne à Arichis

Cette piété se manifesta d'ailleurs par la construction d'un certain nombre d'églises dont la plus célèbre fut celle de Sainte-Sophie de Bénévent[1], bâtie en partie avec des matériaux provenant d'édifices antiques[2], et qui, après avoir été enrichie de ses libéralités[3], devint en quelque sorte le sanctuaire national des princes lombards[4]. Le monastère de Saint-Vincent du Volturno reçut également de lui l'église de Saint-Sauveur au territoire d'Alife qu'il avait fait bâtir[5]. Son activité, au point de vue des constructions, ne se borna pas du reste aux édifices religieux, car il fit relever les murs de sa capitale[6] et s'y bâtit un palais[7].

l'épithète de *sanctus*. Cf. aussi *Translatio sancti Mercurii*, v. 42-43 et 93-94, dans les *SS. Rer. Lang.*, p. 579. Arichis avait de la considération pour les gens d'Église, car il augmenta le chiffre de la composition pour les crimes commis contre eux, et cela explique peut-être en partie les éloges qui lui sont décernés.

1. Erchempert, *Hist. Longobardorum Beneventanorum*, c. 3; *Chron. S. Benedicti Casinensis*, *SS. Rer. Lang.*, p. 488; *Ann. Beneventani II*, *Mon. Germ.*, SS., t. III, p. 173; Léon d'Ostie, *Chron. Casin.*, l. I, c. 26, qui d'ailleurs attribue à Gisolf le début de la construction.

2. Au moins les six colonnes qui subsistent seules aujourd'hui de l'ancien édifice et passent pour avoir appartenu à l'église primitive semblent-elles provenir d'un édifice antique.

3. Erchempert, *ibid.*; *Chron. S. Sophie*, I, c. 1-20, dans Ughelli, *Italia Sacra*, t. X², col. 422-432.

4. J'emprunte cette expression fort juste à Gay, *op. cit.*, p. 30-31.

5. Erchempert, *ibid.*; *Chron. Vulturnense*, dans Muratori, *SS. Rer. Ital.*, t. I², col. 356.

6. C'est ainsi qu'il faut, semble-t-il, entendre le v. 25 de son épitaphe :

« Ornasti patriam doctrinis, menibus, aulis »,

puisque, dans la même pièce, il est question dans un autre passage des fortifications de Salerne Cf. aussi *Chron. Salernitanum*, *Mon. Germ.*, *SS.*, t. III, p. 477. Une partie des fortifications de Bénévent qui, dans leur état actuel, sont surtout du XIVe siècle, remonte peut-être à l'époque lombarde.

7. Cf. le vers de l'*Epitaphium Arichis* cité à la note précédente; *Chron. S. Benedicti*, p. 488; Léon d'Ostie, *Chron. Casinense*, l. I, c. 15. — La légende paraît avoir représenté le temps d'Arichis comme une époque de calme et de prospérité pour le pays. Cf. *Chron. Vulturnense*, p. 375 : « Rara in his regionibus castella habebantur, sed omnia villis et ecclesiis plena erant, nec erat formido aut metus bellorum quoniam alta pace omnes gaudebant. »

Enfin il semble avoir senti la nécessité[1] de posséder sur la mer une base d'opérations solide, et c'est lui qui fit de Salerne, où s'élevait un de ses palais, une place forte qui devait plus tard lui servir de refuge, et qui défia plus d'une fois les efforts des envahisseurs de la principauté lombarde[2]. Nous savons aussi qu'il était instruit et appréciait la culture littéraire[3]. Il fit donner à son fils Romuald une éducation soignée[4], et la Renaissance carolingienne lui doit d'avoir encouragé, avec sa femme Adelperga, le talent de Paul Diacre, auquel il demanda pour ses palais de Bénévent et de Salerne des inscriptions en vers[5].

Issu de la famille royale, gendre du dernier souverain national, Arichis se trouvait, après la chute de Didier et la disparition de son fils Adelchis, réfugié à Constantinople, occuper sans conteste le premier rang parmi les représentants de l'aristocratie lombarde. La conquête

1. Sur cette nécessité, cf. Gay, *op. cit.*, p. 33.

2. *Epitaphium Arichis*, *loc. cit.*

« Nec minus excelsis nuper quae condita muris
Structorem orba tuum, clara Salerne, gemis. »

Cf Erchempert, *Hist. Long.*, c. 3; *Chron. Salernitanum*, c. 26-29, p. 485. — Il ne faut pas entendre d'ailleurs ces récits au sens de fondation proprement dite d'une ville entièrement nouvelle, puisque Salerne paraît déjà avoir existé comme ville à la fin du VIe siècle, date à laquelle les Lombards s'en emparèrent, (Hirsch, *Herzogthum Benevent*, p. 7) et qu'avant même cette date la localité est mentionnée dans divers textes antiques (Pauly, *Realencyclopedie des class. Alterthums*, t. VII, p. 685-6). Si on interprète au pied de la lettre le « in modum castri » du texte d'Erchempert, il faut peut-être voir, dans ce passage, une allusion à la construction d'une forteresse sur la colline de Salerne, au lieu où se voient encore aujourd'hui les ruines du château dit de Guaimar IV. Cf aussi *Chron. S. Benedicti Casinensis*, p. 488, qui parle également de la construction d'un palais dans cette ville.

3. Paul Diacre dans l'une de ses lettres (Éd. Dümmler, dans les *Mon. Germ.* in-4°, n° 9, p. 506), le félicite de « tenir la palme de la sagesse entre tous les princes de son temps » et son épitaphe le qualifie de « facundus et strenuus eloquii. »

4. *Epitaphium Romualdi, Poet. lat.*, t. I, p. 111.

5. Léon d'Ostie, *Chron. Casin.*, l. I, c. 15; cf. G. Waitz, dans les *SS. Rer. Lang.*, p. 13-14.

franque, qui avait réduit les ducs de Frioul et de Spolète à la condition de vassaux du nouveau roi, n'avait point atteint ses Etats. Nous ne savons si Charles lui adressa une mise en demeure d'avoir à suivre l'exemple d'Hildebrand de Spolète et de Rotgaud de Frioul[1]; mais s'il y en eut une, il est certain qu'elle ne fut pas suivie d'effet. Arichis, au contraire, semble avoir immédiatement cherché à profiter de la situation qui résultait pour lui de la disparition de son seigneur Didier et à manifester son indépendance par tous les moyens possibles, en se posant en successeur de ce prince sur « les débris de la nation lombarde[2]. » Dès l'année 774, il prend dans ses actes le titre de *princeps*[3], et ajoute aux éléments chronologiques de ses diplômes l'indication de la date de ce principat. Sa demeure devient le « palais sacré[4] », et il joint à son titre certaines insignes de la souveraineté comme la couronne[5] et le sceptre[6]. Il se fit donner la consécration par les évêques de son duché[7]. C'est à lui que semble également remonter l'existence d'une monnaie particulière des ducs ou princes de Bénévent[8].

1. On ne saurait en effet donner un sens littéral aux expressions dont se sert l'auteur du *Chron. Salernitanum*, p. 476 : « Carolus rex totius Italiæ est firmatus. Solus dux Arichis *jussa ejus* contempnens », qui ne donne pour toute cette histoire que des renseignements assez vagues.

2. *Adelchisi Capitula*, Prol.

3. Léon d'Ostie, *Chron. Casin.*, l. I, c. 8. Il attribue ce renseignement à Erchempert, mais le passage correspondant ne se trouve pas dans le texte de ce dernier tel qu'il nous est parvenu.

4. Sur les changements survenus à cette époque dans la diplomatique bénéventaine, cf. mon *Etude sur la diplomatique des princes lombards de Bénévent, de Capoue et de Salerne*, dans les *Mélanges d'archéologie et d'histoire* de l'Ecole française de Rome, t. XXI, p. 121.

5. Léon d'Ostie, *loc. cit.*; *Chron. Salernitanum*, c. 9, p. 476.

6. Il est représenté avec ces deux attributs dans les miniatures de mss. malheureusement postérieurs, comme le recueil de lois lombardes conservé à la Cava et dont quelques *fac-simile* ont été donnés dans le *Codex diplomaticus Cavensis*, et le ms. de la Chronique de Sainte-Sophie.

7. Léon d'Ostie, *loc. cit.*

8. Engel et Serrure, *Traité de numismatique du moyen âge*, t. I, p. 28 — Le fait que Grimoald promit à Charlemagne de faire figurer le nom

Il est évident qu'avec ces tendances la paix ne pouvait être que très précaire entre Arichis et le nouveau maître de l'Italie. Dès l'année 775, le pape Hadrien Ier accusait Arichis de songer à secouer la domination franque au profit du fils de Didier, Adelchis, et de conspirer, de concert avec les Grecs[1], contre l'autorité de Charles, en même temps que d'autres ducs lombards, Rotgaud de Frioul, Reginald de Chiusi, et Hildeprand de Spolète. Il est très possible que Rotgaud ait préparé dès cette époque le soulèvement qui devait, l'année suivante, nécessiter une expédition contre lui, et qu'il ait fait des ouvertures à ceux qu'il devait considérer comme ses alliés naturels. Mais Arichis, pas plus que les deux autres princes, ne parait avoir fourni de secours effectif au duc de Frioul, et c'est contre ce dernier seul que l'armée franque eut à lutter en 775[2]. L'année suivante (776) les deux envoyés de Charles en Italie, l'évêque Possessor et l'abbé Rabigaud, purent négocier pacifiquement avec le duc de Bénévent.

Cela n'empêchait pas ce dernier de songer à agrandir ses Etats, avec le concours des Byzantins[3], aux dépens de ceux de son voisin immédiat, le souverain Pontife. Le patrice de Sicile, qui se trouvait alors en résidence à Gaëte,

roi sur les monnaies est une preuve qu'il existait auparavant des pièces du prince ne remplissant pas cette condition, ainsi que le remarque Pugliese, *Arechi*, p. 48, n. 4.

1. A une date indéterminée Arichis envoya à Constantinople une ambassade que mentionne la *Translatio S. Heliani (SS. Rer. Lang.* p. 581), mais dont nous ne connaissons ni l'objet ni les résultats.

2. Abel et Simson, *Karl der Grosse*, t. I, p. 185-186. Sur la nécessité de n'accepter qu'avec réserve les allégations d'Hadrien, cf. Hirsch, *Papst Hadrian I und das Furstenthum Benevent*, dans les *Forschungen zur deutschen Geschichte*, t. XIII, p. 39 et suiv. Mais l'auteur va peut-être un peu loin en supposant que le pape invente de toutes pièces un prétendu complot.

3. Sur ces évènements et sur la date à attribuer aux lettres pontificales qui en font mention, cf. J. Gay, *L'Etat pontifical, les Byzantins et les Lombards sur le littoral Campanien*, dans les *Mélanges d'archéologie et d'histoire* de l'Ecole française de Rome, t. XXI, p. 491 et suiv.

avait mis la main sur Terracina, dont les habitants avaient été complices de cette entreprise [1]. Grecs et Bénéventains, à en croire Hadrien, s'occupèrent avec ardeur de détacher de l'Etat romain tout l'ensemble du patrimoine de Campanie, sans doute en vue d'un partage éventuel [2]. Le pape parvint cependant à rentrer momentanément en possession de Terracina, mais cette victoire n'eut pas de résultats durables, car les Grecs de Naples ne tardèrent pas à s'emparer de nouveau de la ville [3]. Hadrien, qui cherchait à la même époque à remettre la main sur les biens du patrimoine de Saint-Pierre sis dans le duché de Naples, se montrait disposé à composer avec les Grecs et à leur abandonner Terracina en échange des patrimoines napolitains. Mais Arichis empêchait toute tentative d'arrangement, qui serait venue à la traverse de ses projets de conquête, et poursuivait activement ses négociations avec le patrice de Sicile [4]. Aussi, à en croire Hadrien, n'y avait-il qu'une solution possible, l'envoi en Italie d'une armée franque, qui

1. *Codex Carolinus*, éd. Gundlach, dans les *Mon. Germ.* in-4°, *Epistolæ carol. ævi*, t. I, n° 61. — Le pape ne parle pas expressément de la prise Terracina, mais il met sur le même rang les « habitatoris castri Caietanis et Terracinensium », comme étant en dehors de son autorité et cherchant à entraîner le reste de la Campanie.

2. *Ibid.* Hirsch, *op. cit.*, p. 46-47, accuse encore le pape d'exagération et même de mensonge. Cependant, lui-même reconnaît que pour la question de la Campanie, Arichis devait se trouver nécessairement en conflit avec le pape. Il croit voir une inconséquence dans la lettre en question, qui demande à Charles d'enjoindre aux Bénéventains de marcher contre les Grecs. C'est aller trop loin, car l'attitude d'Arichis en présence d'une armée franco-spolétaine devait être toute différente de celle du même prince sentant qu'il n'avait rien à craindre.

3. *Codex Carolinus*, n° 64 : « Nefandissimi Neapoletani una cum Deo odibiles Grecos prebente maligno consilio Arighis duci Beneventano, subito venientes Terracinam civitatem quam in servitio beati Petri... antea subjugavimus... invasi sunt. »

4. *Codex Carolinus*, n° 64 : « Et cotidie missos nefandissimi patricii Siciliæ ipso Arighis suscipiente, impedimentum jamfatus Arighis solus fecit ut minime nos obsides a jamdictis Neapolitanis reciperemus. »

forcerait Arichis à rester en paix, et même à soutenir en cas de besoin les Francs contre les Grecs (774)[1].

En sa qualité de « roi des Lombards », Charlemagne ne pouvait voir que de très mauvais œil l'attitude du duc de Bénévent. Les manifestations d'indépendance de ce dernier étaient en opposition directe avec le nouvel ordre de choses que le roi franc avait prétendu établir en 774. Charles cherchait à se faire considérer comme le légitime successeur de ceux qu'il avait dépossédés[2], et le pape affectait de croire que son protecteur avait, comme jadis Didier, le droit de donner des ordres au duc de Bénévent aussi bien qu'à ceux de Spolète et de Toscane[3]. Toute résistance, de la part d'Arichis, à l'exercice de l'autorité du souverain, devait être considérée comme un acte de rébellion[4]. C'est d'ailleurs le simple titre de *dux* que le pape, dans ses lettres à Charles, conserve à Arichis et à successeurs, et cet exemple est suivi, peut-être intentionnellement, par les annalistes francs. En dehors même de ces considérations, et en tenant compte de l'exagération possible de certains des renseignements fournis par Hadrien, Arichis pouvait à bon droit être considéré comme un voisin dangereux. Tant que que la question de Bénévent ne serait pas réglée, Charlemagne avait toujours à redouter

1. *Ibid.* Nous ne connaissons pas autrement le Vulfuinus qu'Hadrien désirait voir à la tête de cette armée.

2. C'est à cette situation que paraît faire allusion le passage du *Chron. Salernitanum* cité plus haut, et Erchempert (*Hist. Long. Ben.*, c. 6) la résume nettement dans les expressions qu'il prête à Pépin : « Volo quidem et ita potenter disponere conor ut, sicuti Arichis genitor illius subjectus fuit quondam Desiderio regi Italiæ, ita sit mihi et Grimoalt. »

3. *Codex Carolinus*, n° 64 : « Atque talem eidem (Vulfuino) mandationem facere jubeatis ut cum omnes Tuscanos seu Spoletinos atque cum ipsos nefandissimos Beneventanos in servitio vestro pariter atque nostro... »

4. Le pape semble même considérer que les gens de Bénévent ont promis formellement leur obéissance : « Minime vestram regalem adimpleverint voluntatem, sicut vobis polliciti sunt. » (*Codex Carolinus*, n° 80.)

des difficultés en Italie, un effort combiné des Lombards et des Grecs au nom du fils de Didier.

Cependant, lorsque Charles vint à Rome en 780-781, il ne semble point s'être occupé des affaires de l'Italie méridionale. La vaste conjuration dont on l'avait menacé, si elle avait été effectivement préparée, n'avait abouti à aucun résultat. L'alliance que le pape, en 778-779, craignait ou feignait de craindre de voir s'établir contre lui entre les Lombards et les Grecs n'aboutit pas[1], et les deux adversaires d'Hadrien ne tardèrent pas à se brouiller. Du moins des difficultés se produisirent-elles quelques années plus tard entre Arichis et les gens d'Amalfi. Le duc lombard, mécontent de l'attitude de ces derniers, ravagea les environs de leur cité. Les Napolitains vinrent au secours de leurs compatriotes. Un combat eut lieu, dans lequel les Lombards eurent le dessous et furent contraints de battre en retraite, en laissant plusieurs de leurs nobles aux mains de l'ennemi[2]. Aussi, en 786[3], Charles, qui venait de ter-

1. Peut-être, comme le suppose Gay, *L'Italie méridionale et l'empire byzantin*, p. 35, Charles avait-il réussi à la rompre en engageant des négociations directes avec l'impératrice Irène.

2. *Codex Carolinus*, n° 78.

3. Abel et Simson. *Karl der Grosse*, t. I, p. 452, croient que Charles redoutait une alliance entre les Lombards et les Grecs irrités de la rupture des projets de mariage entre Constantin et Rotrude, fille de Charlemagne. Mais les négociations n'étaient pas rompues officiellement, puisqu'en 787, au cours de la guerre lombarde, des ambassadeurs grecs se rendirent encore auprès de Charlemagne pour s'occuper de cette affaire. La guerre d'Arichis contre les sujets de l'empire grec ne paraît d'ailleurs s'être terminée qu'après l'entrée de Charles en Italie. — Quant à une alliance des Lombards avec Tassilon, dont on a aussi parlé (cf. Abel et Simson, *op. cit.*, p. 454, n. 3 et Hirsch, *Papst Hadrian I und Herzogthum Benevent*, p. 51, n. 1), aucune source n'en fait mention. Donc il est peu probable que des nouvelles de ce genre aient été la cause déterminante de l'expédition. Les annalistes de Charles le représentent au contraire comme profitant d'un moment de tranquillité pour descendre en Italie. Les *Annales regni Francorum* semblent également indiquer que Tassilon a profité de l'absence du roi pour préparer sa révolte contre celui-ci.

miner momentanément la guerre de Saxe par la soumission et le baptême de Widukind, de dompter une révolte des Bretons et d'étouffer une conspiration des nobles de Thuringe, « voyant que de tous côtés il était en repos », crut l'occasion bonne pour se rendre en Italie, « afin de prier au tombeau des Apôtres et de régler les affaires du pays [1]. »

L'armée franque se mit en marche à une époque assez avancée de l'année [2], sans doute au mois de novembre. Le 25 décembre elle était à Florence. Quelque temps après elle arrivait à Rome [3]. A cette nouvelle, Arichis effrayé se hâta de conclure la paix avec les Napolitains [4] et avec leur consul Cesarius. Ce dernier avait jadis passé quelque temps comme otage à la cour de Bénévent et parait avoir, à la suite de ce séjour, conservé parmi les Lombards une certaine popularité [5]. Arichis, par le traité qui intervint alors, réglait la question de la Liburie, de la Terre de Labour, et des redevances à percevoir sur ses habitants, source d'incessants conflits entre les Napolitains et les ducs lombards [6]. C'est à cette époque aussi sans doute

1. *Ann. regni Francorum*, p. 72 : « Domnus rex Carolus perspiciens se ex omni parte Deo largiente pacem habere, sumpsit consilium orationis causae ad limina beatorum Apostolorum iter peragendi et causas Italicas disponendi. »

2. Le 5 novembre Charlemagne était encore à Worms (Böhmer-Mühlbacher, *Regesten*, n° 267).

3. *Ann. regni Francorum*, p. 72 ; *Ann. Einhardi*, p. 73 ; *Ann. Laurissenses minores*, *Mon. Germ.*, *SS.*, t. I, p. 118.

4. Erchempert, *Hist. long.*, c. 2 : « Qui audiens eos super se adventare, Neapolitibus qui a Langobardis diutina oppressione fatigati erant pacem cessit. »

5. *Epitaphium Caesarii*, *Poet. lat.*, t. I, p. 112 :

« Sic blandus Bardis eras ut fœdera Graiis
Servares sapiens inviolata tamen. »

6. Erchempert, *loc. cit.* : « Eisque diaria in Liguria et Cimiterio per incolas sancitam dispensione misericordiae vice distribuit. » C'est donc probablement à cette paix qu'il faut rapporter le *Pactum Arechis cum Neapolitanis* (*Mon. Germ.*, *LL.*, t. IV, p. 213) dont nous n'avons plus d'ailleurs qu'une rédaction du temps d'Adelchis (Capasso, *Monumenta ad Neapolitani ducatus historiam pertinentia*, t. I, p. 64).

qu'Arichis affirma ses bonnes dispositions vis-à-vis de Naples en faisant quelques donations à l'église de Saint-Janvier [1]. D'autre part il envoyait à Rome son fils Romuald, chargé de riches présents [2]. Romuald, jeune homme instruit, intelligent, déjà associé à son père depuis quelques années [3], était chargé de porter au roi des Francs des promesses de soumission, mais d'obtenir en échange de ces promesses que Charles ne pénétrerait pas dans les Etats du prince de Bénévent [4].

Romuald parait avoir réussi à convaincre Charles et à lui faire accepter les propositions d'Arichis [5]. Néanmoins le pape et les grands étaient d'un autre avis. Ils ne croyaient pas à la sincérité des promesses du prince, ou feignaient de n'y pas croire. Mais le pontife, comme les seigneurs francs, étaient intéressés à la continuation de l'expédition. Ceux-ci pouvaient espérer des conquêtes et du butin. Hadrien désirait être débarrassé de l'ennemi que les évènements des années précédentes lui avaient montré toujours prêt à menacer les frontières de l'Etat pontifical et à étendre son domaine aux dépens de celui de Saint-Pierre. D'autre part il est certain qu'à cette date de 786, il n'était pas encore entré en possession des domaines [6] constituant

1. C'est au moins à cette période de paix que l'on peut rapporter la donation faite par Arichis à cette église d'objets précieux et du lieu de Pianura près Pouzzoles. Mais cette localité, comme le remarque Capasso, *op. cit*, t. I, p. 202, n. 3, devait appartenir à Arichis à titre de propriété privée, car Pouzzoles faisait partie du duché grec de Naples.

2. *Ann. regni Francorum*, *Ann. Einhardi et Ann. Laurissenses minores*, *loc. cit.* Il est également fait allusion à cette mission dans l'épitaphe de Romuald (*Poet. lat.*, t, I, p. 111).

3. *Epitaphium Grimoaldi*, *Poet. lat.*, t. I, p. 430.

4. La soumission promise par Arichis devait être complète, à en juger par les expressions dont se sert l'auteur des *Ann. regni Francorum* : « Et omnes voluntates predicti domni regis adimplere cupiebant. »

5. *Epitaphium Romoaldi*, *Poet. lat.*, t. I, p. 111 :

« In placida regis sedasti mente furorem
Obruta Gallorum te ira loquente fuit. »

6. Cf. *infra*, p. 259-260.

le patrimoine de Bénévent. Pour lui, par conséquent, cette extension de sa puissance territoriale devait être le premier résultat de la soumission du duché de Bénévent au souverain franc.

Charlemagne se laissa persuader par le pape et par les partisans de la politique d'intervention directe. Au début de l'année 787, l'armée franque se mit en marche. Charles, emmenant avec lui le jeune Romuald[1], prit la route ordinaire, qui suivait à peu près le tracé de l'ancienne voie Latine, en passant par le Mont-Cassin[2] et par Capoue. Après avoir établi son camp dans cette dernière ville[3], il se mit en devoir de commencer les hostilités[4]. Mais il est peu probable que ses troupes aient eu de combat à livrer[5]. Arichis, à la nouvelle de l'entrée des Francs dans ses Etats, quitta Bénévent et courut se réfugier dans la forte place de Salerne[6]. De là, il reprit les négociations qui avaient échoué une première fois, et envoya à Charles de nouveaux députés, parmi lesquels l'évêque David de Bénévent, pour demander la paix[7]. Cette fois Charles se

1. *Ann. Einhardi*, p. 73.

2. Le séjour au Mont Cassin est indiqué par les *Ann. Laureshamenses* (*Mon. Germ. SS.*, t. I, p. 33) et les *Annales Alemannici* (*ibid.*, p. 41). Léon d'Ostie, *Chron. Casin.*, l. I, c. 12, le place au retour de Capoue. Il n'y a d'ailleurs rien que de très vraisemblable à ce que Charles ait suivi au retour la même route qu'à l'aller.

3. *Ann. regni Francorum*, *Ann. Einhardi*, *Ann. Laureshamenses*, *Ann. Alemannici*, *ibid.*; *Ann. Laurissenses minores*, *Mon. Germ.*, *SS.*, t. I, p. 118; Einhard, *Vita Karoli*, c. 10.

4. *Ann. Einhardi*, *loc. cit.* : « Ibique castris positis, inde bellum gesturus. »

5 Erchempert seul (*Hist. Long.*, c. 3) parle d'une bataille (« postremo autem acriter prœliantibus ») mais quelque bien renseigné qu'il soit d'ordinaire, il est très postérieur à ces événements, et le silence des annalistes francs, qui n'auraient pas manqué de signaler une victoire remportée par Charles suffit à faire révoquer en doute la réalité du fait.

6. *Ann. regni Francorum* et *Ann. Einhardi*, *loc. cit.*

7. Son nom est donné par le *Chron. Salernitanum*, c. 10, p. 478, au milieu de détails évidemment légendaires. Nous savons par ailleurs que,

décida à l'accorder et à ne pas pousser plus loin sa tentative de conquête.

Le traité qui intervint alors était d'ailleurs la consécration des prétentions du roi sur la principauté lombarde. Arichis évitait le ravage de son duché par les troupes franques[1] et l'obligation humiliante de se présenter en personne devant le vainqueur pour lui rendre hommage[2]. Mais il prêtait et faisait prêter par son peuple un serment de fidélité[3], et sans parler des présents qu'il offrait[4], il s'engageait sans doute à payer tribut[5]. Pour assurer l'exécution de ce traité il livrait comme otages douze jeunes nobles[6], et en outre son fils Grimoald[7] et sa fille Adelgise[8].

le 22 mars 787, David se trouvait auprès de Charles à Capoue, et obtenait de lui un privilège pour son église (Böhmer-Mühlbacher, n° 274).

1. *Ann. regni Francorum*, *loc. cit.* : « Ut terra non deleretur illa »; *Ann. Laurissenses minores* : « Ut terra non devastaretur illa. »

2. *Ann. regni Francorum*, *ibid.* : « Non fuit auxus per semetipsum faciem regis Karoli videre. »

3. Ce serment est mentionné par les *Ann. regni Francorum*, par les *Ann. Einhardi* et par la *Vita Karoli*, c. 10.

4. *Ann. regni Francorum* et *Ann. Einhardi*, *ibid*; Erchempert, *Hist. Long.*, c 2 : « simul cunctum thesaurum suum. » Leo Ost., *Chron. Casin.*, l. I, c. 8 : « coronam illius et maximam partem thesauri. » — Il est d'ailleurs très douteux qu'Arichis ait donné « tout son trésor » car une lettre d'Hadrien Ier, de peu postérieure, parle des sommes importantes qui se trouvaient encore entre les mains d'Adelperga et qu'elle avait mises en lieu sûr à Tarente (*Codex Carolinus*, n° 80.)

5. Les *Ann. regni Francorum* et les *Ann. Einhardi* ne parlent pas expressément du tribut mais l'épitaphe d'Arichis (*Poet. latin. med. aevi*, t. I, p. 67) dit :

« Cum natis proprium nil ducens tradere censum, »

et le mot *census* ne paraît guère pouvoir s'appliquer aux présents. Erchempert, c 2, dit aussi : « Collata Arichis pace sub fide pensionis. »

6. Les *Ann. regni Francorum* parlent de douze otages en plus de Grimoald, les *Ann. Einhardi* le mettent lui-même au nombre des douze.

7. *Ann. regni Francorum*; *Ann. Einhardi*; Erchempert, c 2. Cf. le vers de l'épitaphe d'Arichis cité n. 5, et l'épitaphe de Grimoald (*Poet. latin.*, I, 430) :

« A patre pro patria directus regibus obses
Placavit patriam funus ad usque patris »

8. Erchempert, *Hist. Long.*, c. 2.

Charlemagne laissait Romuald, qu'il avait jusqu'alors gardé près de lui, retourner auprès de son père[1].

Les annalistes officieux de Charlemagne attribuent cette solution pacifique à de pieuses considérations qui se seraient alors présentées à l'esprit du roi[2]. Mais celui-ci avait aussi à envisager les conséquences possibles d'une guerre dans laquelle il n'était pas sûr d'avoir dès le début l'avantage[3], dans un pays que les Francs redoutaient avec raison comme particulièrement malsain[4]. Une soumission telle que celle qu'il obtenait d'Arichis était tout ce qu'il pouvait espérer. Si Charles, en effet, prétendait comme roi des Lombards à la souveraineté du duché de Bénévent, il ne pouvait guère songer à y obtenir que la part d'autorité que les rois Lombards avaient eux-mêmes possédée, c'est-à-dire un serment de fidélité de la part du duc et des habitants. Ce

1. *Ann Einhardi* et *Ann. regni Francorum*. D'après ces dernières (cf. aussi Einhard, *Vita Karoli*, c. 10) il semble même qu'Arichis ait offert de donner ses deux fils en otages. C'est peut-être aussi à cette proposition que fait allusion le vers de l'épitaphe d'Arichis cité page précéd., n. 3.

2. *Ann. regni Francorum*, *loc. cit.* : « gloriosus rex Karolus perspexit una cum sacerdotibus vel ceteris obtimatibus suis ut non terra deleretur illa et episcopia vel monasteria non desertarentur. » *Ann. Einhardi*, *ibid* : « divini etiam timoris respectu bello abstinuit ». Einhard, *Vita Karoli*, c. 10 : « utilitate gentis magis quam anime ejus obstinatione considerata. »

3. Le fait même qu'Arichis n'avait point subi de défaite et qu'il ne se remit pas à la discrétion de Charles, mais traita avec lui, prouve, comme le remarquent justement Abel et Simson, *op. cit.*, p. 562, qu'il n'était pas absolument sans défense.

4. Nous parlons plus bas d'autres expéditions arrêtées par des épidémies qui frappaient les troupes franques. La crainte inspirée aux Francs par le climat de l'Italie méridionale se manifeste dans une lettre d'Alcuin (éd. Dümmler, *Mon. Germ.*, in-4°, *Epistolæ Carol. ævi* t. I, n° 224). Il résulte d'ailleurs d'un autre passage du même auteur (*ibid.*, n° 261) que les compagnons de Charles ne prenaient à l'égard de leur nourriture que des précautions insuffisantes, et d'autre part faisaient des vins italiens un usage peu modéré : « Italia infirma est patria et escas generat noxias. Idcirco cautissima consideratione videas quid vel quando vel quibus utaris cibis et maxime ebrietatis assiduitatem devita, quia ex vini calore febrium ardor ingruere solet super incautos. » — Cf. Erchempert, *Hist. Long.*, c. 6 : « innumerabilibus de suis peste perditis. »

serment de fidélité devait être la première marque de la soumission d'Arichis à Charles, et des *missi* francs furent envoyés dans le duché pour le recevoir[1].

Les annalistes ne disent pas quelle se trouva être exactement, à la suite du traité, la situation d'Arichis vis-à-vis du royaume franc. Les termes vagues, employés par eux, de fidélité et d'obéissance, ne précisent guère à ce sujet. Ils ne semblent comporter que l'obligation de reconnaître, au point de vue théorique, la suprématie de Charles, et celle de ne point chercher à lui nuire. En dehors du tribut, dont le chiffre nous est inconnu[2], il est vraisemblable aussi que Charlemagne devait considérer son nouveau « vassal » comme tenu de lui fournir en cas de besoin des secours et des troupes, mais il ne paraît pas que la question se soit jamais posée pour le duc de Bénévent[3].

Charles dut en même temps régler avec Arichis, à la satisfaction du pape[4], la question du patrimoine bénéventain, car les *Annales Juvavenses*[5] et les *Annales Maximiniani*[6] indiquent à la suite de la campagne la donation ou la restitution de Bénévent faite à saint Pierre. Il ne s'agit là d'ailleurs que d'un règlement de droit et non d'une mise en

1. « Qui et ipsum ducem et omnem Beneventanum populum per sacramenta firmarent. » (*Ann. Einhardi.*) C'était donc rétablir l'état de choses qui existait avant 774. Seul le souverain auquel était dû le serment aurait changé, selon la théorie franque.

2. Les textes qui parlent de 7.000 *aurei* par an s'appliquent au renouvellement du traité sous Louis le Pieux et rien ne permet d'affirmer que tel ait été le chiffre primitif.

3. Les mots : « Ut Francis, rerum dominis, serviret in aevum », du *Poeta Saxo* (*Mon. Germ. SS.*, I, p. 242) empruntés à Virgile, n'ont pas de sens précis. Einhard, *Vita Karoli*, c. 15, range tout le duché de Bénévent parmi les pays faisant partie intégrante de l'Empire.

4. Sur la question des patrimoines à cette époque, cf. Abel, *Hadrian I und die weltliche Herrschaft*, p. 507 et suiv.

5. *Mon. Germ.*, *SS.*, t. I, p. 88 : « Karolus Beneventum conquisivit et dedit S. Petro. »

6. *Mon. Germ.*, *SS.*, t. XIII, p. 21 : « Karolus Romam venit et Beneventum S. Petro reddidit. »

possession effective, celle-ci devant être opérée sans aucun doute par des *missi* envoyés quelque temps après à Bénévent[1].

Charlemagne resta à Capoue jusqu'à la fin de mars[2], faisant acte d'autorité sur les états d'Arichis en accordant des diplômes à l'église de Bénévent[3] et au monastère de Saint-Vincent du Volturno[4]. Il reprit bientôt après le chemin de Rome, et était de retour dans cette ville le 8 avril, pour la célébration des fêtes de Pâques[5]. Le jeune Grimoald était toujours gardé auprès de lui et le suivit jusqu'à Aix[6], mais sa sœur avait été remise en liberté[7].

La situation établie par le traité de 787 ne devait pas tarder à se modifier. Le 26 août 787[8], Arichis mourait à Salerne. De ses trois fils l'un, Gisolf, devait être mort depuis un certain temps, car il n'est jamais question de lui dans le récit des négociations et des difficultés auxquelles donna lieu la succession qui venait de s'ouvrir[9]. Romuald avait précédé d'un mois son père dans la tombe[10]. Grimoald

1. Il ressort des lettres d'Hadrien I (*Codex Carolinus*, n° 83) que dès le début de l'année 788 celui-ci avait été mis en possession de Capoue.

2. C'est la date du diplôme cité à la note suivante.

3. Ughelli, *Italia Sacra*, t. VIII, p. 49 ; Böhmer-Mühlbacher, *Regesten*, n° 274.

4. *Chron. Vulturnense*, p. 366 ; Böhmer-Mühlbacher, n° 275.

5. *Ann. regni Francorum*, *loc. cit. Ann. Laureshamenses*, *SS.*, I, p. 33. *Ann. Juvavenses*, *SS.*, t. I, p. 88. Il y était peut-être dès le 28 mars (Böhmer-Mühlbacher, n° 276).

6. Erchempert, *Hist. Long.*, c. 2.

7. Erchempert, *ibid.*

8. *Ann. Laureshamenses. Mon. Germ.*, *SS.*, t. I, p. 33; *Ann. Einhardi*, a. 788, p. 175; *Ann. Altahenses*, *SS.*, t. XX, p. 783. La date de jour est donnée par les *Ann. Beneventani II*, *SS.*, t. III, p. 178, et par le *Chron. Salernitanum*, c. 17, p. 481.

9. Son existence n'est d'ailleurs connue que par le *Chron. Salernitanum*, c. 2.

10. *Ann. Laureshamenses*, *loc. cit.*; *Codex Carolinus*, n° 83. La date de jour est donnée à la suite de son épitaphe, *Poet. lat. med. aev.*, t. I, p. 111-112.

restait donc le seul héritier du duché. Or, les derniers mois de la vie de son père semblent avoir été marqués par une tentative faite par ce dernier de violer le serment de fidélité qu'il venait d'être contraint de prêter. Les renseignements que nous possédons à ce sujet ne sont malheureusement fournis que par les lettres d'Hadrien Ier, c'est-à-dire par une source suspecte. Cependant il semble bien qu'il y ait dans ses affirmations une part de vérité. En particulier, étant donnée la présence, en Italie et dans le duché de Bénévent, de *missi* francs, il parait douteux qu'Hadrien ait pu essayer de tromper Charles au sujet de certains faits sur lesquels ses agents devaient être eux-mêmes renseignés. Une lettre de ces *missi* francs à leur souverain, qui s'est heureusement conservée[1], permet même de contrôler une partie des récits du souverain pontife.

Hadrien prétend avoir appris d'un prêtre de Capoue, nommé Grégoire, qu'après le retour de Charles en Gaule Arichis avait pris l'initiative et proposé au basileus une alliance contre l'ennemi commun. Il promettait de reconnaître l'autorité de Constantinople, offrant en signe de soumission de se raser et de se vêtir à la mode grecque[2]. Il demandait en échange qu'on lui donnât le duché de Naples avec le titre de patrice, et qu'on lui envoyât son beau-frère Adelchis accompagné d'une armée de secours. L'empereur accepta ces propositions, et dans le courant de l'année 788[3] envoya en Italie le stratège de Sicile, Théodore[4],

1. *Codex Carolinus*, éd. Gundlach, Append. n° 2.

2. *Codex Carolinus*, n° 83 : « Arichis dux suus aput imperatorem, Deo sibi contrario emisit missos petens auxilium et honorem patriciatus... promittens ei tam in tonsura quam in vestibus usu Grecorum perfrui sub eiusdem imperatoris dicione. »

3. Il semble d'après le récit du pape que les officiers impériaux, lors de leur départ de Constantinople aient ignoré non seulement la mort d'Arichis, mais encore celle de Romuald, survenue le 21 juillet, puisqu'ils demandaient son envoi comme otage à Byzance.

4. *Codex Carolinus*, n° 83, qui ne donne pas le nom du gouverneur de la Sicile; celui-ci est fourni par les *Annales Einhardi*, p. 83, et par Théophane.

accompagné de deux spathaires, porteurs de riches présents destinés au prince et parmi lesquels on remarquait de somptueux vêtements à la mode grecque[1]. Selon Hadrien, le basileus aurait consenti à donner à Arichis le titre de patrice, mais, en ce qui concerne Adelchis, il se serait borné à promettre de faire débarquer ce dernier avec une armée dans l'exarchat[2]. Il est très possible que tel ait été en effet le plan du souverain byzantin, et l'on s'explique fort bien les raisons qui pouvaient le déterminer à agir ainsi. Avec Adelchis au nord et Arichis au midi, Constantin pouvait espérer soulever à la fois des deux côtés l'élément lombard. En même temps il pouvait ainsi surveiller plus facilement ses deux alliés et les empêcher de s'attribuer une trop grosse part dans les bénéfices de la victoire commune.

Mais lorsque les ambassadeurs de Constantin arrivèrent en Italie, la situation était quelque peu modifiée. Arichis était mort; il n'y avait plus à Bénévent aucun prince de sa famille, et des *missi* francs se trouvaient dans le duché.

Quelque temps auparavant en effet Charles avait envoyé à Rome le diacre Atton[3] et « l'hostiaire » Goteran, bientôt suivis par Maginaire, abbé de Saint-Denis[4], et par le diacre

1. *Codex Carolinus*, *ibid*. : « Ferentes secum vestes auro textas simul et spatam vel pectine et forcipes patricium eum constituendi. »

2. *Codex Carolinus*, *ibid*.

3. Celui-ci avait été déjà chargé quelques années auparavant d'une mission auprès du pape (*Codex Carolinus*, n° 65). Goteran est inconnu d'ailleurs.

4. Abbé de Saint-Denis depuis 784. Avant cette date déjà il avait rempli les fonctions de *missus* chargé de régler la question des patrimoines de Sabine (*Codex Carolinus*, n°s 69-72). Sur son rôle de chapelain, cf. Abel et Simson, *Karl der Grosse*, t. II, p. 543. Ses deux compagnons sont inconnus.

Les détails sur cette ambassade sont fournis par trois lettres conservées dans le *Codex Carolinus*, et qui portent dans l'édition des *Mon. Germ. histor.* in-4°, due à M. Gundlach, les n°s 80, 83 et 84. Je considère comme la plus ancienne celle à laquelle l'éditeur a attribué le n° 83 (n° LXXXVIII du manuscrit, 86 de l'édition Jaffé ; Jaffé, *Regesta pontificum*, n° 2463 : « Nectareos suavissimos »). Elle a été écrite après le

Joseph. Un certain comte Liuderic dut également les rejoindre un peu plus tard. Ces personnages paraissent avoir eu pour mision de régler la question de la remise, entre les mains des agents pontificaux, des patrimoines Bénéventains. Ils devaient également examiner, de concert avec le pape, la situation qui résultait pour la principauté de la mort d'Arichis, et s'entendre avec lui sur les mesures à prendre à ce sujet. Le pape leur conseilla de se rendre tous ensemble dans le pays lombard, et d'éviter de se séparer, sans doute pour donner plus d'autorité aux décisions qu'ils prendraient en commun[1]. Cependant Atton et

22 janvier 788, date de l'entrevue qui eut lieu à Salerne entre Adelperga et les envoyés grecs. Mais elle ne doit pas être très postérieure à cet événement, puisque le pape y félicite encore Charles au sujet de la victoire remportée par lui sur les Bavarois, le 30 octobre 787, victoire dont Maginaire et les autres *missi* francs avaient peut-être apporté la nouvelle en Italie. A cette date les Bénéventains, par l'intermédiaire d'Atton, avaient déjà prié Charles de leur renvoyer Grimoald, et, d'après Hadrien, n'attendaient que son retour pour se soumettre à l'empereur grec.

La lettre 80 (n° XC du manuscrit, 84 de l'édition Jaffé, n° 2460 des *Regesta* : « Venientes ad nos ») paraît postérieure à la précédente. Le retour de Grimoald y est présenté comme une chose décidée, bien que le pape espère encore arrêter le jeune prince sur la route de Bénévent. D'autre part c'est la première fois qu'il est question de la présence effective d'Adelchis en Italie. Dans la lettre précédente il n'est question que de son envoi possible dans l'exarchat, qui préoccupe Hadrien. Il eût donc averti Charles, si cette éventualité s'était déjà trouvée réalisée. Ce fut peut-être la nouvelle de la mort d'Arichis, transmise à Constantinople par le préfet de Sicile, qui détermina le basileus à changer son plan primitif et à envoyer Adelchis dans l'Italie méridionale au lieu de le faire débarquer à Ravenne.

D'autre part, dans le n° 84 de Gundlach (n° LXXXIV du manuscrit ; 87 de l'édition Jaffé, n° 2464 des *Regesta* : « Nectareos nimisque »), il est question de deux lettres d'Hadrien transmises au roi des Francs, l'une par le comte Arvin, l'autre par les *missi*, Roron et Betton. La première dont il est aussi question dans le n° 80, doit être le 83 de Gundlach. Le n° 84 doit être postérieur au retour de Grimoald à Capoue, puisqu'il y est fait mention de son passage à Capoue avec les *missi* francs chargés de le ramener dans sa capitale.

1. *Codex Carolinus*, n° 82.

Goteran partirent les premiers, promettant d'attendre à Valva dans le duché de Spolète, l'arrivée de leurs collègues qui devaient les rejoindre sitôt que Liuderic se serait réuni à la mission. Ils ne tinrent pas d'ailleurs leur promesse, et malgré les rapports défavorables qui leur avaient été faits sur l'état d'esprit des anciens sujets d'Arichis, ils partirent pour Bénévent, quatre jours avant l'arrivée à Valva de Maginaire et de ses deux compagnons. Maginaire, Liuderic et Joseph tentèrent alors de retrouver à Bénévent ceux qui les précédaient. Là encore ils arrivèrent un jour en retard. Atton et Goteran venaient de partir pour Salerne, dans l'intention d'y conférer avec Adelperga, qui y résidait alors. Les gens de Bénévent pressaient Maginaire d'aller les y rejoindre, mais l'abbé et ses deux compagnons se méfiaient. Ils voyaient les Lombards très mal disposés, et avaient eu vent que l'on complotait de les retenir tous les cinq comme otages à Salerne, pour obtenir la restitution des villes livrées au pape, et surtout le retour de Grimoald dans son duché [1]. A en croire Hadrien on aurait même formé le projet de les faire assassiner « par erreur », par des gens de Naples et d'Amalfi [2]. Mais le récit assez romanesque fait par le pape est sujet à caution et jusqu'à un certain point en contradiction [3] avec le rapport adressé par Maginaire à Charle-

1. *Codex Carolinus*, *ibid.* et append. n° 2.

2. *Codex Carolinus*, n° 83. « Talem consilium Beneventani cum Neapolitanis et Sorrentinis atque Amalfitanis habuerunt ut foris civitate Salernitana juxta mare vestros missos applicare facerent et nocte repentino cursu super eos ruentes Beneventani pariter cum Neapolitanis, illos interficerent, et postmodum proferre quia Neapolitani quasi super ipsos Beneventanos venientes, existimentes sese Beneventanos, clam eos occiderent. »

3. C'est ainsi que Maginaire ne dit pas un mot de ce projet, alors que le pape affirme qu'il en était informé et que ce fut la cause de son départ. Maginaire s'attendait, s'il allait à Salerne, à être non pas assassiné, mais à être retenu comme otage.

magne. Quoi qu'il en soit, l'abbé de Saint-Denis préféra ne pas partir. Il feignit une maladie et demanda qu'on renvoyât auprès de lui Atton et Goteran, en leur adjoignant quatorze nobles lombards avec lesquels les *missi* pourraient avoir une conférence. On refusa d'accueillir sa demande. Non seulement Adelperga et ses conseillers ne lui envoyèrent personne avec qui il pût négocier, mais encore on ne laissa revenir auprès de lui que Goteran. De plus en plus effrayés les ambassadeurs francs partirent en cachette, un matin au petit jour, et coururent se réfugier dans le duché de Spolète en attendant les évènements, c'est-à-dire sans doute l'arrivée de l'armée franque qui devait écraser les rebelles[1]. Atton cependant, saisi lui aussi de terreur, s'était réfugié dans l'une des églises de Salerne et s'attendait à être massacré. Mais il ne semble pas que les Bénéventains aient été alors décidés à se mettre en état de révolte ouverte. La présence d'Atton empêcha même Adelperga de recevoir les ambassadeurs grecs[2], et les témoignages de respect que l'on prodiguait au *missus* de Charles le décidèrent à sortir de son refuge[3]. Les gens de Bénévent allèrent jusqu'à lui persuader d'être leur représentant auprès de Charles et de solliciter en leur nom le retour de Grimoald[4].

Le départ d'Atton doit se placer vers le milieu de janvier, car il était à peine parti lorsqu'Adelperga consentit à recevoir les envoyés de Constantin. Le 20 janvier, Théodore et ses deux spathaires arrivaient à leur tour à Salerne et y conféraient avec la princesse. L'entrevue dura trois jours, après lesquels les envoyés rentrèrent dans les Etats

1. *Codex Carolinus*, n° 82 : « Introierunt in finibus ducati Spoletini in prelato oppido Valvae. »
2. *Codex Carolinus*, n° 83.
3. *Codex Carolinus*, n° 82. Selon le pape les Bénéventains auraient même protesté de leur fidélité à Charles.
4. *Codex Carolinus*, n° 83, p. 618.

impériaux, à Naples, où ils furent reçus en grande pompe[1]. Selon Hadrien, ces trois jours auraient été employés à tramer contre Charles les plus noirs desseins et à combiner les préparatifs d'une action générale, fixée à l'été prochain, c'est-à-dire à la saison dans laquelle le climat doublait pour les Francs les difficultés de la campagne[2]. Il nous semble assez douteux que les choses aient été si loin, du côté des Bénéventains du moins. Ce qui paraît avoir surtout préoccupé ceux-ci, c'est la question du retour de Grimoald[3]. Du moment où ils avaient à leur tête leur prince national et jouissaient avec lui du maximum d'indépendance possible, il devait leur être assez indifférent d'être nominalement sujets d'Aix-la-Chapelle ou de Constantinople. D'ailleurs il est certain que Théodore ne dut pas obtenir d'Adelperga de promesses bien fermes ni le renouvellement du traité conclu avec Arichis, puisqu'au rapport d'Hadrien lui-même les ambassadeurs grecs durent écrire à l'empereur pour l'informer du changement survenu dans la situation et lui demander de nouvelles instructions[4]. En attendant ils demeuraient à Naples, auprès de l'évêque Etienne, s'occupant de préparer avec lui un plan de campagne. En somme on semble avoir, à Salerne, fait comprendre à Théodore que la première

1. *Codex Carolinus*, nos 82 et 83.

2. *Codex Carolinus*, n° 82 : « Quia ut arbitramur ipsi Beneventani istius temporis verni transire mitigant, ut estivo tempore vobis in perjurii reatus incurrant. »

3. *Codex Carolinus*, n° 83 : « Suadentes ipsi Beneventani predictos missos Grecorum dicentes : quia nos aput regem Carolum emisimus missos nostros, petentes ab eo Grimaldum ducem nostrum recipiendi. Insuper et per Attonem diaconum ipso nobis pollicente, rogum emisimus ut penitus eum ducem consequenter susceperemus. Sed propter hoc morari vos Neapolim convenit dum usque ipso Grimualdo recipere possimus ducem. »

4. *Codex Carolinus*, n° 83 : « Mittentes ipsi Greci aput imperatorem de obitu Arigisi filiique eius denunciantes, et ab eo expectant consilium, quid agere debeant. »

préoccupation devait être le retour de Grimoald, et que celui-ci une fois rétabli on aviserait à ce qu'il y aurait à faire.

Mais le pape s'opposait de tout son pouvoir à ce que la demande transmise par Atton obtînt satisfaction. Il avait confié au comte Arvin, envoyé auparavant par Charles en Italie, une première lettre en ce sens[1]. A l'en croire le retour de Grimoald à Bénévent devait assurer le succès des ennemis de Charles et des ennemis de l'Eglise[2]. Mais il ne faut pas oublier qu'en même temps que la mise en liberté de Grimoald, Atton avait dû demander la restitution des villes livrées au pape, c'est-à-dire surtout de Capoue et de son territoire. Hadrien, du reste, donne très nettement à entendre à Charles que, pour cette question de Bénévent, il faut choisir entre le fils d'Arichis, c'est-à-dire un ennemi, et le pape, c'est-à-dire le plus fidèle allié du roi franc[3].

Ces représentations d'ailleurs ne semblent pas avoir eu grand effet sur l'esprit de Charles, car, peu de temps sans doute après le retour d'Atton il renvoyait Grimoald. Deux *missi* francs, Betton et Roron[4], vinrent annoncer à Hadrien cette nouvelle. Le pape se hâta de récrire pour tâcher d'empêcher le retour du jeune prince dans ses Etats, pendant qu'il en était temps encore[5]. Il annonçait en même temps qu'Adelchis avait débarqué en Italie,

1. *Codex Carolinus*, n°s 84 et 80.

2. *Codex Carolinus, ibid.* : « Nullum alium nisi propter inimicorum vestrorum atque nostrorum machinationis insidias, sed verum etiam, sicut vestra promisit nobis regalis excellentia, pro exaltatione atque defensione sanctæ Dei ecclesiæ et de vestro nostroque profectu nunquam voluimus ut Grimualdus Arichis Beneventano remeasset. »

3. *Codex Carolinus, ibid.* : « Ne meliorem faciatis Grimualdum filium Arigisi quam fautori vestro beato Petro Clavigero regni celorum... »

4. *Codex Carolinus*, n° 80.

5. *Ibid.* : « Quia, si ipsum Grimualdum in Benevento miseritis Italiam sine conturbatione habere minime potestis. »

qu'Adelperga n'attendait que l'arrivée de Grimoald pour aller rejoindre le fils de Didier à Tarente, y retrouver aussi des trésors prudemment mis à l'abri et commencer la guerre. Le seul remède était de prendre les devants et d'envoyer en Italie une armée franque dès le début du printemps, si l'on ne voulait pas être obligé de combattre dans une saison peu favorable.

Grimoald arriva cependant peu après à Bénévent, accompagné de *missi* francs[1]. Charlemagne, avant de le laisser partir, lui avait fait prêter un serment de fidélité et semble avoir exigé de lui une soumission plus étroite encore que celle de son père[2]. Les Lombards devaient, comme marque extérieure de cette soumission, se faire raser le menton à la mode franque[3]. Grimoald d'autre part s'engageait à faire figurer le nom de Charles sur ses monnaies et en tête de ses actes. D'après le *Chronicon Salernitanum*[4] il aurait dû promettre aussi de prendre les conseils de deux nobles lombards dévoués à Charles,

1. *Codex Carolinus*, n° 84. Il ne semble pas que ces *missi* doivent être identifiés avec ceux que mentionne la même lettre et qui s'étaient rendus dans le pays de Bénévent en compagnie de deux ducs romains, Crescentius et Hadrien, pour demander la livraison des autres villes faisant partie du patrimoine de Saint-Pierre.

2. « Et Grimoaldum per terribile sacramentum constituit ducem super Beneventum. » (*Ann. Maximiniani*; *Mon. Germ., SS.* t. XIII, p. 21). Cf. Erchempert, *Hist. Long.*, c. 4.

3. Erchempert, *ibid.*, c. 4. Les Lombards paraissent avoir attaché une certaine importance à ce détail. Lorsque les gens de Spolète se soumirent à Hadrien I, ils se firent également raser, *more Romanorum* (*Vita Hadriani*, c. 32, dans le *Liber pontificalis*, éd. Duchesne, t. I, p. 495). Les Lombards, dans une guerre précédente, avaient tondu des prisonniers romains, *more Langobardorum* (*Liber pontificalis*, t. I, p. 420). Arichis promet de se vêtir et de se raser à la mode grecque (cf. *supra*). — D'ailleurs les princes lombards sont représentés barbus sur les monnaies, sur certains sceaux, sur les miniatures du XIe et du XIIe siècle. Grimoald lui-même paraît représenté barbu sur les monnaies reproduites par Borgia, même sur celles portant le nom de CAROLUS.

4. *Chron. Salernitanum*, c. 25, p. 484.

Authari et Paulipert, et de se conformer à leur avis[1]. Enfin, toujours d'après le même texte, il s'était engagé à faire raser les murailles de sa place forte de Salerne et celles de Conza[2] et d'Acerenza[3]. Mais si cette condition a été posée, elle n'a jamais été remplie, tandis que les actes de Grimoald ont été précédés au moins durant quelque temps d'une formule de date parmi les éléments de laquelle figure l'indication du règne de Charles[4]. D'autre part on trouve le monogramme Carolus sur des deniers d'argent portant sur l'autre face le nom de Grimoald[5] ou l'image de ce prince[6].

La rentrée de Grimoald à Bénévent et sa soumission à Charles n'empêchèrent pas Adelchis et les Grecs d'entamer les hostilités. Les troupes alliées, commandées par le sacellaire et logothète Jean et par Théodore, patrice et stratège de Sicile[7], pénétrèrent dans les territoires lombards[8]. Mais soit que Grimoald fût réellement fidèle à la parole donnée, soit qu'il jugeât au point de vue de son indépendance les Byzantins plus dangereux que les Francs, sa conduite ne justifia pas les craintes manifestées par Hadrien. Il marcha à la rencontre des Grecs avec le duc de Spolète, Hildeprand, et une petite troupe de Francs que

1. Abel et Simson, *Karl der Grosse*, t. II, p. 629, supposent qu'il s'agit de deux des Lombards précédemment emmenés en otages avec Grimoald.
2. Conza, prov. d'Avellino, circond. de S. Angelo.
3. Acerenza, prov. et circond. de Potenza.
4. *Chron. de Sainte-Sophie*; Ughelli, *Italia Sacra*, t. X², col. 466.
5. Engel et Serrure, *Numismatique du Moyen-Age*, t. I, p. 288-289.
6. Borgia, *Memorie di Benevento*, t. I, p. 50. Le Musée de Naples possède également des monnaies portant au droit le nom de Grimoald et le titre de DUX, au revers les mots DOMS. CAR. RX.
7. Sur l'envoi de ces personnages, et sur l'erreur commise par les éditeurs du *Codex Carolinus* quant à la date des lettres qui en font mention, cf. J. Gay, *L'Etat pontifical... sur le littoral campanien*, p. 500-501.
8. L'épitaphe de Grimoald (*Poet. lat.*, t. I, p. 430) semble bien indiquer que les Grecs avaient pénétré dans les Etats de celui-ci :

« Cum Danahis bellum felici sorte peregit
Finibus et pellit belliger ipse suis. »

conduisait le *missus* Guinichis, placé là plutôt pour surveiller des alliés suspects que pour leur prêter un concours efficace. Une bataille fut livrée sur les confins des Etats grecs et lombards. Les Byzantins furent complètement défaits. Ils perdirent beaucoup de monde sur le champ de bataille et laissèrent entre les mains des vainqueurs un riche butin et de nombreux prisonniers parmi lesquels le sacellaire Jean, qui fut mis à mort (novembre 788)[1].

Cette fidélité de Grimoald ne devait pas d'ailleurs être de longue durée. Peu après sans doute, il cessa de faire figurer dans ses actes[2] et sur ses monnaies[3] le nom de Charlemagne, et se rapprocha de ses anciens adversaires, en épousant une princesse grecque du nom de Wantia[4], et dont nous ignorons l'origine.

A partir de cette époque le peu que nous connaissons de l'histoire de Grimoald se réduit au récit d'une série d'expéditions dirigées contre lui par le jeune roi d'Italie, Pépin, agissant au nom de Charlemagne auquel Grimoald refusait l'obéissance promise en 787[5]. Une première cam-

1. *Annales regni Francorum*, p. 82; *Annales Einhardi*, p. 83; *Chron. Moissiacense*, *Mon. Germ.*, *SS.*, t. I, p. 298; *Ann. Maximiniani*, *ibid.*, t. XIII, p. 22; *Ann. Sithienses, ibid.* p. 36; Théophane, *Chronographia*, t. I, p. 718. Le lieu de la bataille est incertain. Les *Ann. Einhardi* la placent en Calabre; Hirsch, *Papst Hadrian I und Herzogthum Benevent*, dans les *Forsch. zur deutschen Geschichte*, t. XIII, p. 67, admet que les Byzantins, après avoir pénétré sur le territoire de la principauté de Bénévent, avaient reculé devant l'armée franco-lombarde. Quant à sa date, les Annales franques la placent en automne. Théophane la rattache à des événements du mois de novembre de l'indiction XII, ce qui correspondrait au mois de novembre 788.

2. Il en était ainsi dès le mois de novembre 789; Gattola, *Accessiones, ad histor. abbatiæ Casinensis*, p. 17.

3. Le nom de Charles fait place, au revers des monnaies, à la légende VICTORU PRINCIP.

4. Erchempert, *Hist. Long.*, c. 5.

5. Erchempert, *Hist. Long.*, c. 6 : « Unde factum est ut Pipino regnante in Ticino et Grimoaldo presidente in Benevento, frequentissimum bellum vexaret Beneventanos. »

pagne eut lieu en 791[1]. L'année suivante Louis quitta son gouvernement d'Aquitaine et passa le Mont-Cenis pour venir joindre ses forces à celles de son frère. Dans le courant de l'hiver il pénétra avec lui dans le duché de Bénévent[2]. Mais la saison était mauvaise. Une terrible disette arrêta les progrès de l'armée, et Louis dut au printemps de 793 revenir auprès de son père sans être arrivé à aucun résultat[3]. En 800, lorsque Charlemagne se rendit à Rome pour y recevoir la consécration impériale, il confia à Pépin le commandement d'une nouvelle expédition qui ne réussit pas mieux que les précédentes. Le climat fut une fois de plus funeste aux guerriers francs, et beaucoup d'entre eux succombèrent, parmi lesquels le camérier Mainfroi[4].

La campagne de l'année suivante fut un peu plus heureuse pour Pépin. Charles s'était rendu lui-même dans le duché de Spolète[5], peut-être pour y diriger les débuts de l'expédition. Chieti tomba entre les mains des Francs,

1. *Ann. Guelferbytani*, a. 791, *Mon. Germ.*, *SS.*, t. I, p. 45.

2. *Vita Hludovici*, c. 6 ; *Ann. Guelferbytani*, *loc. cit.*, a. 792 ; *Ann. Laureshamenses*, a. 793, *Mon. Germ.*, *SS.*, t. I, p. 350. Cf. Simson, *Ludwig der Fromme*, t. I, p. 369-370.

3. *Ann. Laureshamenses*, *loc. cit.* C'est à tort que la *Vita Hludovici* transforme cet échec en campagne victorieuse : « Cuncta obvia populantur, castro uno potiuntur. Hieme autem transacta una ad patrem prospere regrediuntur. » C'est sans doute à l'une de ces campagnes qu'il faut rapporter le souvenir d'une surprise de nuit du camp franc par Grimoald le Storesays, dont le récit a été conservé par le *Chronicon Salernitanum*, c. 38, p. 489, bien que l'histoire du chef se déguisant en mendiant offre tous les caractères d'une anecdote légendaire.

4. *Ann. regni Francorum*, a. 800, p. 110 : « Ordinata in Beneventanos expeditione, post septem dierum inducias Romam iter convertit et exercitum cum Pipino filio suo in Beneventanorum terras predare ire jussit » ; *Ann. Einhardi*, p. 111 ; *Ann. Guelferbytani*, *Mon. Germ.*, *SS.*, t. I, p. 45. Cf. Alcuin, lettre 211, p. 351. — L'expédition doit se placer dans le courant de l'hiver, car Charlemagne en organisa le départ alors que lui-même se trouvait à Ravenne, c'est-à-dire au mois d'octobre ou de novembre (Böhmer-Mühlbacher, *Reg.*, p. 146).

5. Au mois d'avril (Böhmer-Mühlbacher, *Reg.*, n° 363 c).

qui pillèrent la ville et l'incendièrent. Le comte lombard qui commandait la garnison, nommé Roselm, fut fait prisonnier et envoyé à l'empereur qui le condamna à l'exil. Une nouvelle épidémie arrêta encore l'armée franque [1]. Néanmoins, en 802 [2], elle remporta encore quelque succès sur ses adversaires. Ortona [3] tomba entre ses mains. Lucera fut prise d'assaut [4] et Guinichis, qui depuis quelques années avait remplacé Hildeprand comme duc de Spolète [5], fut installé dans la place avec une garnison franque. Mais, la même année, Grimoald rentrait dans la ville et y faisait prisonnier le duc Guinichis [6].

Cinq ans plus tard (807), Grimoald III mourait, et c'est son « storesays » ou trésorier, nommé comme lui Grimoald [7], fils d'Ermenrich [8], que les grands désignèrent pour lui succéder. Erchempert fait l'éloge du nouveau prince et

1. *Ann. regni Francorum*, p. 114; *Ann. Blandinienses, Mon. Germ., SS.* t. V, p. 22-23; *Ann. Sithienses, ibid.*, t. XIII, p. 37 ; Erchempert, *Hist. Long.*, c. 6. — Pépin était au mois d'août de retour à Spolète (*Il regesto di Farfa*, n° 134). C'est depuis cette époque que la ville de Chieti cessa de dépendre de la principauté lombarde de Bénévent pour être rattachée au duché franc de Spolète.

2. Les *Ann. regni Francorum* mentionnent cette expédition avant le récit d'événements qu'elles placent en été. Il est possible cependant qu'elle soit postérieure au mois d'août; car on voit à cette date deux frères Probatus et Piccon, habitant le duché de Spolète, prendre leurs dispositions au moment de se mettre en campagne (*Il regesto di Farfa*, n° 157).

3. Ortona, prov. de Chieti, circond. de Lanciano.

4. Prov. et circond. de Foggia. — Erchempert, *Hist. Long.*, c. 6, parle de Nocera, mais toutes les autres sources ont le nom de Lucera et ce dernier s'explique mieux car l'armée franque, partie du duché de Spolète, devait pénétrer dans la partie orientale de la principauté lombarde.

5. Fatteschi, *I duchi di Spoleto*, p. 55. Cf. *Il regesto di Farfa*, n° 154.

6. *Annales Einhardi, loc. cit.*; *Ann. Sithienses, Mon. Germ., SS.*, t. XIII, p. 37; *Ann. Maximiniani, ibid.*, p. 25. Guinichis fut d'ailleurs bientôt remis en liberté.

7. Erchempert, *Hist. Long.*, c. 7 ; *Catal. ducum Longobardorum, SS. Rer. Lang.*, p. 487-493 ; *Ann. Beneventani, Mon. Germ., SS.*, t. III, p. 173.

8. Le *Chron. Salernitanum*, c. 38, p. 489, donne le nom d'Ilderic au père de Grimoald IV, mais les monnaies de ce dernier portent en légende,

de son humeur pacifique [1]. Cela ne l'empêcha pas de prendre vis-à-vis des souverains francs une attitude hostile et de refuser, à ce qu'il semble, le tribut habituel [2]. En Gaule, on l'accusait couramment d'avoir envoyé dans le royaume de Charles des émissaires chargés d'empoisonner les habitants [3]. La guerre recommença entre lui et les Francs, ou tout au moins entre lui et le duc de Spolète, mais nous ignorons les incidents par lesquels cette lutte fut marquée [4]. En 812, sans doute à la suite de la mission que remplit auprès de lui le célèbre Adalhard [5], Grimoald IV se décida à traiter avec Charlemagne et à promettre de lui payer tribut, s'engageant en outre à verser, sans doute comme indemnité et équivalent de l'arriéré des tributs jadis stipulés, la somme de 25.000 sous d'or [6]. A partir de cette époque il paraît être demeuré tranquille et, à l'avènement de Louis le Pieux, il se décida encore à faire acte de sou-

au droit, les mots GRIMOALD FILIUS ERMENRIH (Engel et Serrure, *Numismatique du Moyen-Age*, t. I, p. 289).

1. Erchempert, *Hist. Long.*, c. 7. — Pugliese, *Arechi, principe di Benevento*, p. 78, suppose que l'avènement de Grimoald IV marque une réaction hostile à la famille d'Arichis, à laquelle les Bénéventains auraient reproché de donner trop d'importance à la cité de Salerne. Mais rien ne permet de vérifier cette assertion.

2. Cf. *Ann. Einhardi*, a. 812, p. 137, où le chiffre très élevé du tribut payé en 812 semble bien indiquer qu'il y avait un arriéré.

3. Agobard, *De Tonitruis*, c. 16 ; Migne, t. CIV, col. 458.

4. Le seul texte qui parle avec quelque détail de cette guerre est le *Chron. Salernitanum*, c. 40 et suiv. Mais cette partie présente encore plus que toute autre un caractère légendaire, et l'auteur s'y étend surtout sur les exploits de Rampon, gastald de Conza.

5. Paschase Ratbert, *Vita Adalhardi*, c. 29 ; *SS.*, t. II, p. 527 : « Novit hoc Spoletum et Beneventum, qui cum hostili gladio se invicem indesinenter caederent factum est ut idem beatus illuc usque ob hoc progrediens deveniret et Beneventum, introiret : porro ibi cum esset inter eos tantam restituit pacem ut usque hodie connexi et confederati... » Cf. Simson, *Ludwig der Fromme*, t. II, p. 486, et Krause, *Gesch. der « missi dominici »* dans les *Mittheilungen des Instituts für oesterr. Geschichtsforschung*, t. XI, p. 263.

6. *Ann. regni Francorum*, a. 812, p. 137.

mission, en reconnaissant la souveraineté du nouvel empereur, et en s'engageant à lui payer un tribut annuel, le montant de celui-ci étant fixé à 7.000 sous d'or[1]. La paix pouvait donc sembler assurée, lorsque trois ans plus tard, Grimoald périt victime d'une conspiration ayant à sa tête Radelchis, comte de Conza, et Sicon, gastald d'Acerenza[2].

1. *Ann. regni Francorum*, a. 814, p. 141; Thegan, *Vita Hludovici*, c. 11, *Mon. Germ.*, *SS.*, t. II, p. 593; *Vita Hludovici*, c. 6, *ibid.*, p. 610.

2. Erchempert, *Hist. Long.*, c. 8; *Gesta episc. Neap.*, c. 51. Le *Chron. Salernitanum*, c. 48-50, entre dans de grands détails au sujet de cette conspiration. Il faut peut-être retenir de ce récit qu'une des familles puissantes de Bénévent était hostile à Grimoald.

III

LOUIS LE PIEUX ET LOTHAIRE

LA SÉPARATION DES PRINCIPAUTÉS DE BÉNÉVENT ET DE SALERNE

Sicon d'Acerenza n'était pas un Bénéventain d'origine. Il était né peut-être dans le duché de Spolète[1], en tout cas dans la partie de l'Italie qui fut soumise par les Francs[2], et c'est sans doute la conquête étrangère qui força la mère de Sicon à quitter son pays natal, pour se réfugier avec son fils dans les Etats d'Arichis[3]. Ce dernier accueillit avec bienveillance le jeune proscrit, et, à ce qu'il semble, le fit

1. *Catalogus regum et ducum Salernitanus*, *Mon. Germ.*, *SS.*, t. III, p. 471 ; *Chron. Salernitanum*, ibid., t. III, p. 491. — Au contraire les *Gesta episcoporum Neapolitanorum*, c. 51, le font venir du Frioul.

2. *Epitaphium Siconis*, dans *SS. Rer. Ital.*, t. II[1], p. 311 :

> « Stirpe satus regum, melior majorque priorum,
> . . . .
> Natus in Ausoniae praestanti corpore terra. »

J'ignore quel était le lien qui pouvait rattacher Sicon à la famille des anciens rois Lombards. Cette épitaphe le dit mort à soixante ans, en 832. Donc il naquit vers 772.

3. *Epitaphium Siconis*, *ibid.* :

> « Quem mater cernens eleganti luce nitentem,
> Esse datum credit coelitus alma sibi.
> Que cum sensisset Domini jam munere plenum,
> Ad loca se rapuit non nocitura pio. »

élever à sa cour [1]. On disait même qu'il avait l'intention de faire de lui son successeur. Mais il est possible qu'il faille voir là une légende mise en circulation par les partisans de Sicon, et destinée à atténuer l'odieux de la conduite de ce dernier vis-à-vis de Grimoald, qui l'avait également bien traité et comblé d'honneurs, et lui avait donné le gouvernement du gastaldat d'Acerenza [2]. Tout cela n'empêcha pas Sicon de prendre part avec Radelchis à la conspiration qui devait amener la mort de Grimoald, et de remplacer ce dernier dans le gouvernement de la principauté.

Le nouveau prince devait avoir avec les Francs quelques relations, tant par sa propre origine que par l'intermédiaire de son parrain, le Campanien Trasarius, alors abbé de Saint-Wandrille [3]. C'est peut-être ce qui explique qu'il ait su se maintenir en paix avec ses voisins du Nord durant toute la durée de son principat. Un de ses premiers soins fut d'envoyer à Louis le Pieux des ambassadeurs chargés de porter à celui-ci, qui se trouvait alors à Cambrai (automne 818), des présents de la part du nouveau duc [4]. Ils devaient aussi disculper ce dernier

1. *Epitaphium Siconis, ibid.*:

« Adhibuit curam nutriendi maximus heros,
Quem successorem sperat habere pium. »

2. Erchempert, *Hist. Long.*, c. 8 : « Quem Grimoalt dudum proselitum receperat, honoribus plurimis deferens. » Le *Chron. Salernitanum*, c. 43, ajoute que ce fut Grimoald qui donna à son futur successeur le gastaldat d'Acerenza. Cf. *Epitaphium Siconis, loc. cit.* :

« Nec minus et Grimoald, natus de principe princeps
Sublatum erudiit... »

Sur les relations plus ou moins légendaires de Sicon et de Radelchis, cf. *Chron. Salernitanum*, c. 42 et suiv. Il est naturel que les nobles bénéventains aient vu de mauvais œil la faveur accordée à un étranger, mais rien ne permet de savoir quelle part de vérité peuvent renfermer les récits de l'auteur du *Chronicon*.

3. *Gesta abbatum Fontanellensium*, c. 17. — D'après ce texte il semble bien que Trasarius ait séjourné dans la principauté de Bénévent après l'avènement de Sicon.

4. *Ann. Einhardi*, a. 818, p. 149; *Vita Hludovici*, c. 31, *Mon. Germ.*, *SS.*, t. II, p. 624.

d'avoir pris part au meurtre de Grimoald, et, sans doute, renouveler en son nom le serment de soumission jadis prêté par ses prédécesseurs [1]. En 829 encore, des ambassadeurs de Sicon parurent à la diète de Worms [2].

Cependant il ne paraît pas que son gouvernement ait laissé à Bénévent de bons souvenirs, il passe pour avoir fatigué par ses cruautés ses propres sujets [3], et d'autre part, il eut de continuelles luttes à soutenir contre les Napolitains [4]. Il paraît avoir contraint ceux-ci à lui payer tribut [5], et leur enleva même un instant, à en croire l'auteur du *Chronicon Salernitanum* [6], le corps de leur patron saint Janvier. Cependant ses succès furent loin d'être décisifs. Erchempert a conservé le souvenir d'une campagne au cours de laquelle l'armée de Sicon, après avoir ouvert la brèche dans les murs de la ville, se laissa retarder par de feintes négociations, qui permirent aux assiégés de remettre en état leurs fortifications. Les choses traînèrent donc en longueur, et, en fin de compte, les gens de Naples se déci-

1. C'est ainsi, du moins, qu'on peut entendre le « foedus cum Francis innovavit » d'Erchempert (*Hist. Long.*, c. 9). La suzeraineté nominale de Louis le Pieux sur le pays lombard ne se manifeste d'ailleurs que par quelques diplômes accordés par ce prince au monastère de Saint-Vincent du Volturno.

2. *Ann. Einhardi*, a. 829, p. 177. C'est à cette attitude pacifique et aux bons rapports entretenus avec Louis le Pieux que fait allusion l'épitaphe de Sicon :

> « Defendit patriam Francorum gentis ab ira...
> Regibus ille magis dilectus, luce parata,
> Francorum..... »

3. Erchempert, *Hist. Long.*, c. 10 : « Beneventanos bestiali efferitate persequitur. »

4. Erchempert, *ibid.*; *Gesta episcoporum Neapolitanorum*, c. 53; *Epitaphium Siconis*, *loc. cit.*

5. *Chron. Salernitanum*, c. 57; *Epitaphium Siconis*, *loc. cit.* :

> « Quos Sico perdomitos congressu fortis in omni
> Servitia impellit solvere queque jubet. »

6. Le *Chron. Salernitanum*, c. 57, est d'ailleurs seul à mentionner cette humiliation infligée aux Napolitains. Cf. Gay, *L'Italie méridionale et l'Empire byzantin*, p. 23.

dèrent à faire appel au suzerain nominal du duché de Bénévent, c'est-à-dire à l'empereur Louis le Pieux et à son fils Lothaire, sous la protection desquels ils se placèrent. L'intervention franque permit aux Napolitains d'échapper une fois de plus à la conquête lombarde [1].

A la mort de Sicon (automne 832), son fils Sicard, déjà associé à son gouvernement depuis quelques années [2], lui succéda [3], et continua les mêmes errements tant à l'intérieur qu'à l'extérieur. Il se montra aussi cruel que son prédécesseur, fit tondre et enfermer dans un monastère son parent Maion [4], étrangler, à l'instigation de son référendaire Roffrid, l'abbé Alfanus, que son père lui avait recommandé de ménager [5], et enfin envoyer en exil son

1. *Erchempert*, *Hist. Long.*, c. 10. Pour faciliter l'intelligence du récit des luttes entre les divers princes lombards je ne crois pas inutile de donner un tableau généalogique sommaire de la famille de Sicon, en renvoyant pour plus de détails à la généalogie dressée par Pratilli (*Hist. principum Longobardorum*, dans Muratori, *SS. Rer. Ital.*, t. II, p. 232).

SICON,
prince de Bénévent († 832).

SICARD, prince de Bénévent, (832-839), ép. ADELCHISE, fille de Daufier le Bègue.	N. ép. UNSES, gastald de Conza,	N. ép. RADELMOND, gastald d'Acerenza.	SIKELENDA, ép. MAION, fils d'Azzon.	NN. (deux ou plusieurs filles).	SICONOLF, prince de Salerne (839-849), ép. ITTA, de Spolète.
* SICON, bâtard. — N.					SICON, prince de Salerne (849-852).

2. Erchempert, *ibid.* Cependant, contrairement à l'usage qui prévaudra plus tard, la chancellerie de Sicard compte dans ses diplômes les années de son principat à partir de la date de la mort de son père, et non du jour de son association à la souveraineté de ce dernier.

3. Erchempert, *Hist. Long.*, c. 12; *Chron. S. Benedicti Casinensis*, *SS. Rer. Lang.*, p. 487; *Ann. Beneventani I et II*, *Mon. Germ.*, *SS.*, t. III, p. 173

4. Erchempert, *Hist. Long.*, c. 12.

5. *Ibid.*, et *Chron. Salernitanum*, c. 62. Le *Chronicon* attribue le meurtre à l'influence d'un certain Roffrid, fils de Daufier, « cujus consilii subventione multa sacrilega ac blasmia patrabat », dit Erchempert.

propre frère Siconolf [1]. En même temps, les gens de Naples ayant refusé de payer le tribut promis à Sicon, la guerre contre eux reprit de plus belle [2]. Une première fois les Lombards, campés dans la plaine de Pompéi, durent reculer devant une armée de Sarrasins, appelés par le consul de Naples, André [3]. Mais, après le départ des Africains, Sicard renouvela sa tentative, et cette seconde expédition fut marquée, à ce qu'il semble, par la prise d'Amalfi [4] et par le siège de Sorrente, siège qui demeura sans résultat [5]. Les Napolitains adressèrent alors un nouvel appel à Lothaire dont l'intervention avait déjà arrêté le duc Sicon, et cet appel aboutit à l'envoi par l'empereur, d'un certain comte Gontard, chargé d'empêcher Sicard de donner suite à ses projets de conquête. Gontard, d'ailleurs, n'eut pas à intervenir effectivement, car l'assassinat du prince par un de ses fidèles, Adelfier, ne tarda pas à terminer la guerre [6]. André, craignant néanmoins de nouvelles entreprises de la part des Lombards, tenta de retenir le comte franc, en lui promettant la main de sa fille Eupraxie. Gontard accepta

1. Erchempert, *ibid.*

2. *Chron. Salernitanum*, c. 63.

3. *Gesta episcoporum Neapolitanorum*, c. 57.

4. *Chron. Salernitanum*, c. 73. Le *Chron. Amalfitanum* (*SS. Rer. Ital.*, t. I, p. 208), qui ne date que de la fin du XIe siècle, a conservé le souvenir d'intrigues entre Sicard et les habitants, mais il est impossible de dire si ce renseignement est emprunté à une source ancienne. Cf. Camera, *Memorie di Amalfi*, t. I, p. 82.

5. *Vita S. Antonini Surrentini*, dans Mabillon, *AA. SS. Ben.*, saec. IV[1], p. 421.

6. Adon, *Chron.*, *Mon. Germ.*, *SS.*, t. II, p. 322 : « Segart Beneventanorum dux a suis interficitur » ; Erchempert, *Hist. Long.*, c. 12. — Le *Chron. Salernitanum*, c. 76, représente sur ce point une tradition indépendante d'Erchempert, en attribuant cet assassinat à un certain Nannigo, dont Sicard aurait quelque temps auparavant violé la femme. — Les *Annales Beneventani II* indiquent la mort de Sicard sous l'année 839 (*Mon. Germ.*, *SS*, t. III, p. 174) et une note chronologique conservée par le *Chronicon Salernitanum* (c. 90) atteste que le prince était mort avant le 1er septembre de cette année. D'autre part le début de son principat se place entre les mois d'août et d'octobre de l'année 832, et le *Chron.*

ces propositions, mais les choses traînèrent en longueur, et les deux alliés finirent par se brouiller. Gontard, espérant rester maître de la situation, fit assassiner André, mais périt lui-même sous les coups des Napolitains révoltés contre le meurtrier de leur consul [1].

Les évènements qui suivirent l'assassinat de Sicard auraient été sans doute de nature à favoriser les progrès de l'influence franque dans le duché de Bénévent, en fournissant à l'empereur l'occasion d'intervenir dans les affaires intérieures du pays lombard. Mais celui-ci semble être resté en dehors des préoccupations de Louis le Pieux. Il laissa les anciens sujets de Sicard lui donner comme successeur un certain Radelchis [2], qui depuis plusieurs années remplissait auprès de lui les fonctions de trésorier [3]. Le nouveau prince parait avoir su se faire bien voir des gens de Bénévent par sa douceur et ses vertus, qui contrastaient avec le caractère de ses deux prédécesseurs [4]. Mais le frère de Sicard jadis envoyé en exil, Siconolf, profita également de l'occasion pour s'échapper de Tarente [5], où il se trouvait

S. Benedicti Casinensis ainsi que le *Catalogus Salernitanus* (cf. le *Moyen-Age*, 1906, p. 17-18) donnent à ce principat une durée de 6 ans et 10 mois (3 ans et 10 mois, selon le *Catalogus Cavensis*, mais la correction de III en VI est tout indiquée), ce qui mettrait la mort de Sicard en juillet ou août 839. On a de son successeur Radelchis un diplôme d'octobre 839 (*Chron. de S. Sophie*, III, n° 34, col. 469).

1. *Gesta episcoporum Neapolitanorum*, c. 57.

2. Erchempert, *Hist. Long.*, c. 14 ; *Chron. S. Benedicti*, c. 5.

3. Radelchis intervient comme *ambasciator*, avec son titre de trésorier, dans des diplômes de Sicard pour son fidèle Atto, d'octobre 832 (*Chron. de Sainte-Sophie*, III, n° 14, dans Ughelli, *Italia sacra*, t. X², col. 461), pour le référendaire Roffrid (*ibid.*, III, c. 32, col. 468), pour le monastère de Sainte-Sophie, de mars 835 (*ibid.*, I, n° 28, col. 435).

4. Erchempert, *Hist. Long.*, c. 14 : « vir autem blandus ac bonis moribus pollens ».

5. *Chron. Sancti Benedicti Casinensis*, c. 5. Le *Chron. Salernitanum*, c. 79, donne de cette évasion un récit circonstancié, mais qui ressemble trop à toutes les histoires du même genre pour qu'on puisse lui attribuer grande valeur, étant donnée la date tardive du document qui le rapporte.

alors interné, et pour se réfugier auprès de son beau-frère Ursus, gastald de Conza. En même temps quatre seigneurs de Bénévent, fils d'un certain Daufier le Bègue, Romuald, Arichis, Grimoald et Guaifer, qui ne partageaient pas les sympathies de la majorité de leurs compatriotes pour Radelchis, quittaient la ville pour se réfugier dans la forte place de Salerne [1], et leur exemple fut peut-être suivi par d'autres. Le commandant des troupes que le prince envoya contre eux, Adémar, abandonna également son seigneur pour se joindre au parti des rebelles. Feignant même d'être en mesure de livrer la place à Radelchis, il parvint à attirer celui-ci dans le voisinage de Salerne, et les révoltés, tombant à l'improviste sur les Bénéventains, leur firent essuyer une défaite [2].

Siconolf cependant réussit à rejoindre les rebelles de Salerne. Il est possible que les habitants de cette ville aient conservé une certaine fidélité à la famille de Sicon [3], et que ce soit là ce qui explique que Siconolf ait réussi à s'y faire reconnaître comme légitime seigneur de toute la principauté [4]. D'autre part, à la même époque, Capoue se trouvait également en état de rebellion. Certains des partisans de Radelchis avaient eu maille à partir avec le gastald de

1. Erchempert, *Hist. Long.*, c. 14; *Chron. Salernitanum*, c. 79, qui parle également d'un Guaifer, fils de Daufier, mais en dehors de lui ne nomme qu'un certain Maion. Il représente donc là encore une version, probablement salernitaine, différente du texte d'Erchempert qui constitue cependant pour cette période la source principale du *Chronicon*.

2. Erchempert, *Hist. Long.*, c. 14-15.

3. C'est peut-être ce qui explique que le *Chron. Salernitanum* ne représente pas Sicon lui-même sous un jour trop défavorable, puisqu'il passe sous silence la partie peu honorable du rôle de ce dernier, c'est-à-dire la part prise par lui à la conjuration contre Grimoald, son bienfaiteur.

4. Dans le premier diplôme qui nous soit parvenu de lui, et qui est de 841 (Muratori, *Ant. Ital.*, t. III, col. 77), Siconolf s'intitule comme les princes de Bénévent « Dei providentia Longobardorum gentis princeps », et transmet ce titre à ses successeurs. (Cf. ma *Diplomatique des princes Lombards*, p. 169). Il inscrit également sur ses monnaies la légende

cette ville, Landolf et, tombés entre ses mains, avaient été, sur son ordre, barbarement mutilés. Landolf était donc pour Siconolf un allié tout désigné. Il se déclara en effet pour lui, et se retrancha dans « Sicopolis », la nouvelle ville fortifiée élevée sur la rive du Volturno [1]. Ursus, gastald de Conza, et Radelmond, gastald d'Acerenza, prirent également parti pour le fils de Sicon [2].

Les deux adversaires, entre lesquels se divisaient ainsi les forces de la principauté lombarde, ne tardèrent pas à faire appel à l'étranger. Landolf gagna à sa cause les gens de Naples [3] et d'Amalfi [4], et, fort de leur concours, soumit à son autorité toute la partie lombarde de la Calabre et la plus grande partie de la Pouille [5]. Plusieurs des localités environnant Bénévent tombèrent en son pouvoir, et un certain nombre même d'habitants de cette dernière ville, à la suite de ces succès de Siconolf, firent défection, en abandonnant la cause de Radelchis [6].

En présence du danger, Radelchis n'hésita pas à faire

PRINCES BENEBENTI autour d'une croix avec les lettres SICONL. D'autre part il fait partir le compte des années de son principat, non pas de l'époque à laquelle lui fut reconnue la possession de la principauté de Salerne, mais d'une date de 839, qui est évidemment celle à laquelle il prétendit à la succession de Sicon et fut reconnu comme héritier de celui-ci par un certain nombre de partisans.

1. Erchempert, *Hist. Long.*, c. 15.

2. *Chron. Salernitanum*, c. 80.

3. Erchempert, *Hist. Long.*, c. 15.

4. *Chron. Salernitanum*, c. 80.

5. C'est avec ce sens restreint qu'il faut vraisemblablement entendre le « totam Calabriam » du récit d'Erchempert, car le duché byzantin de Calabre, aux environs du golfe d'Otrante (Gay, *L'Italie méridionale et l'Empire byzantin*, p. 6 et suiv.), devait rester en dehors du conflit.

6. Le *Chron. Salernitanum*, c. 80, parle seulement des ravages exercés par les belligérants. Le *Chron. S. Benedicti Casinensis*, c. 5, ajoute : « Magna pars Beneventi regio secuta est eum [Siconolfum]. » Il est expressément question de ces défections dans un diplôme de Radelchis (*Chron. de Sainte-Sophie*, II, n° 26, col. 453 : « pro merito culpae eorum, eo quod a Sicenolpho aufugerunt ») et peut-être dans un autre diplôme du même prince de juin 842 (*Codex Cavensis*, n° XIX).

appel aux Sarrasins, attirant ainsi sur le duché le fléau dont toute l'Italie méridionale allait avoir à souffrir durant de longues années. Les Musulmans d'ailleurs n'étaient pas des inconnus dans la région. Depuis un certain temps, non seulement les Aghlabites de Kairouan avaient pris définitivement possession de la plus grande partie de la Sicile [1], mais leurs corsaires pillaient les côtes de l'Italie jusqu'à la hauteur de Naples au moins, et y enlevaient des esclaves chrétiens [2]. On a vu les Napolitains, durant les guerres contre Sicard, faire alliance avec des bandes de ce genre. Il y avait même des Sarrasins établis à demeure dans l'Italie méridionale et quelques-uns d'entre eux étaient si bien fixés dans le pays qu'ils avaient abjuré l'Islamisme [3]. Vers 839 ou 840, d'autre part, les Musulmans s'étaient emparés de Tarente [4], tandis que certains de leurs compatriotes ravageaient les côtes de l'Adriatique jusqu'à l'embouchure du Pô [5]. Sur l'ordre de Radelchis, un des gastalds qui lui demeuraient fidèles, celui de Bari, nommé Pandon, prit à sa solde une troupe de Sarrasins, commandée par un affranchi berbère du nom de Khalfun [6]. Il commença par la faire camper sur le rivage, non loin du mur de la ville. Mais il finit par se relâcher des précautions d'abord prises à l'égard de ces dangereux alliés. Une nuit, ceux-ci réussirent à pénétrer dans la ville même, massa-

1. C'est en 700 que les Musulmans d'Afrique firent leur première tentative sur la Sicile, mais ce n'est qu'en 830 ou 831 que Palerme tomba entre leurs mains, et d'assez nombreuses places restaient encore au pouvoir des Byzantins. Cf. Amari, *Storia dei Musulmani di Sicilia*, t. I, p. 291-293.

2. *Pactum Sicardi cum Neapolitanis*, c. 3 ; *Mon. Germ.*, *Leges*, t. IV, p. 218. Des Sarrasins avaient été également appelés comme auxiliaires par les Napolitains au cours des guerres de ceux-ci contre Sicard.

3. *Radelchisi et Siconolfi divisio*, c. 24 ; *Mon. Germ. Leges*, t. IV, p. 224.

4. Amari, *op. cit.*, p. 357. Les Musulmans semblent s'être aussi emparés de Brindisi peu de temps auparavant (*Chron. Salernitanum*, c. 72).

5. Amari, *op. cit.*, p. 358 ; Gay, *L'Italie méridionale et l'Empire byzantin*, p. 51-52.

6. Amari, *op. cit.*, p. 360.

crèrent une partie de la garnison et de la population, et réduisirent le reste en captivité. Pandon lui-même fut mis à la torture, et ensuite jeté à la mer (840) [1].

La place qui venait de tomber ainsi aux mains des Sarrasins était forte, et Radelchis vit bien qu'il lui serait difficile d'en redevenir maître. Il se résigna donc à accepter les faits accomplis et à entrer en composition avec les nouveaux occupants de Bari, pour s'assurer à prix d'or leur alliance. Il les lança ensuite sur le pays de Capoue, qui fut dévasté par eux [2], et introduisit même dans sa cité de Bénévent une garnison sarrasine [3]. La première tentative faite par lui avec leur concours contre son rival fut d'ailleurs malheureuse. Appuyés par les contingents lombards commandés par Ursus, fils de Radelchis, les Sarrasins marchèrent contre le château de Cannes [4]. Attaqués par Siconolf, ils furent mis en déroute et l'émir Khalfun, honteusement battu, rentra presque seul dans Bari [5].

Siconolf, du reste, ne montra pas plus de scrupules que son adversaire dans le choix de ses alliés. Il fit appel aux Sarrasins espagnols de Crète qui, sous le commandement

1. Erchempert, *Hist. Long.*, c. 16; *Chron. Sancti Benedicti Casinensis*, c. 5; *Chron. Salernitanum*, c. 81, qui place à tort l'alliance conclue par les Musulmans avec Radelchis après la prise de la ville. Cf. Amari, *op. cit.*, p. 360; Schipa, *Storia del principato Longobardo di Salerno* (Naples, 1887, in-8°, extr. de l'*Archivio stor. Neapolitano*, t. XI), p. 23; Petroni, *Storia di Bari*, t. I (Naples, 1857, in-8°), p. 48-49.

2. *Chron. S. Benedicti Casinensis*, c. 5.

3. Adon, *Chron.*, *Mon. Germ.*, *SS.*, t. II, p. 322 : « Ab interfectoribus [Sicardi] Sarraceni Beneventanis evocati infra civitatem Beneventum recipiuntur. » Le *Chron. Salernitanum*, c. 81, parle aussi de l'installation à Bénévent d'un corps de Sarrasins. Erchempert ne la mentionne pas expressément à sa place dans l'ordre chronologique, mais la suite de son récit implique la présence dans la ville d'une garnison musulmane.

4. « Cananense castrum », dit Erchempert, *Hist. Long.*, c. 16. Di Meo, *Annali*, t. XII, p. 281, propose l'identification avec la célèbre localité de Cannes, aujourd'hui Canna, dans la province de Cozenza, circond. de Castrovillari.

5. Erchempert, *Hist. Long.*, c. 16.

d'un certain Abulfar, occupaient Tarente[1], pour les opposer aux Aghlabites de Radelchis[2]. Une bataille fut livrée dans le voisinage des Fourches Caudines. Victorieuses au premier choc, les troupes du prince de Bénévent se débandèrent à leur tour devant une nouvelle attaque des Salernitains[3]. D'autres succès, qui suivirent cette victoire, rendirent Siconolf maître de tout le pays de Bénévent à l'exception de Siponto[4].

Radelchis se décida alors à faire appel aux Francs, c'est-à-dire à son voisin le duc de Spolète. Gui était uni à Siconolf par des liens de famille, ce dernier ayant épousé une parente du duc de Spolète, nommée Itta[5]. L'argent que lui promit Radelchis le détermina cependant à intervenir en faveur de celui-ci, et une armée spolétaine pénétra dans le pays lombard, où d'ailleurs elle ne fit pas grand chose, Gui ayant habilement évité de se brouiller avec Siconolf, en lui promettant de soutenir sa cause auprès de son compétiteur. Tout en restant ainsi à peu près neutre, Gui réussit à extorquer aux deux adversaires des sommes assez considérables et retourna dans son duché, sans que sa présence eut sensiblement modifié la situation. Les escarmouches, accompagnées de pillages et de massacres, reprirent de plus

1. Des Ismaélites de Cordoue avaient occupé la Crète en 825 (Amari, *Storia dei Musulmani di Sicilia*, t. I, p. 162). Pour tous ces débuts de l'invasion sarrasine, cf. Gay, *L'Italie méridionale*, p. 50-58.

2. Erchempert, *Hist. Long.*, c. 16; *Chron. Salernitanum*, c. 81; Nithard, *Hist.*, l. IV, c. 6 : « Eodem tempore Mauri a Sigenulfo fratre Sigihardi, sibi causa subsidii inducti, Beneventum invadunt. »

3. Erchempert, *op. cit.*, c. 17.

4. *Ibid.* Les chroniqueurs lombards ne fournissent pas les moyens de savoir à quels événements peut faire allusion ce passage des *Annales Bertiniani*, à la fin de l'année 843, p. 30 : « Concordantibus ad invicem Beneventanis, Dei auxilio de illis partibus Saraceni expulsi sunt. »

5. Erchempert, *Hist. Long.*, c. 17, dit Gui *cognatus* de Siconolf; le *Chron. Salernitanum*, c. 92 donne le nom de la femme de ce dernier, Itta qu'on retrouve en effet dans la famille des ducs de Spolète (Wüstenfeld, *Die Herzoge von Spoleto*, dans les *Forschungen zur deutschen Geschichte*, t. III, 1863, p. 399).

belle entre les deux rivaux et leurs auxiliaires musulmans[1]. Peut-être sur les conseils de Gui de Spolète [2], Siconolf, se rendit à Rome en 844, accompagné d'une suite nombreuse, et assista dans cette ville au couronnement du jeune Louis, fils de Lothaire, le futur empereur Louis II, comme roi d'Italie[3]. Son but était sans doute d'obtenir, en échange d'une promesse de soumission et du paiement de la somme de 100.000 *aurei*[4], l'investiture impériale et une bénédiction solennelle du pape Serge II. Mais il ne semble pas que ces négociations aient eu de résultat effectif[5] et la guerre continua, avec tous les maux qu'entraînait surtout la présence des Sarrasins. Les exigences de ceux-ci ne tardèrent pas à épuiser le trésor des princes qui les avaient appelés. Il fallut alors avoir recours aux richesses des églises, et les Sarrasins de Siconolf le contraignirent de dépouiller à plusieurs reprises le trésor de Santa Maria de Salerne[6] et celui du Mont-Cassin[7], tandis que la garnison musulmane installée à Bénévent par Radelchis forçait également celui-ci à faire main basse sur les objets précieux des églises de cette ville[8], et mettait à feu et à sang le pays environnant[9].

1. Erchempert, *Hist. Long.*, c. 17.

2. *Ibid.*, c. 18 : « Cujus [Guidonis] tunc consilio consentiens, Romam adiit, aureos tribuit. » Cependant il semble bien que les 5,000 sous d'or dont parle Erchempert au début du chapitre aient dû être versés à Gui de Spolète et non à l'empereur.

3. *Vita Sergii II*, c. XVII, dans le *Liber Pontificalis*, éd. Duchesne, t. II, p. 90 ; *Ann. Bertiniani*, a. 844, p. 30. Les chroniqueurs lombards passent sous silence la promesse de soumission, et le mouvement en faveur de Siconolf, qui d'après le rédacteur de cette partie des Annales Bertiniennes, l'évêque Prudence de Troyes, en aurait été la conséquence : « Quibus Beneventani, qui pridem alias versi fuerant, compertis, ad eundem Sigenulfum sese convertentes, Saracenorum reliquias a suis finibus expellere moliuntur. » Cette dernière phase permet de supposer que Prudence ignorait que Siconolf comptait aussi des Sarrasins parmi ses alliés.

4. *Ann. Bertiniani*, *loc. cit.*

5. Erchempert, *Hist. Long.*, c. 18 : « nihil proficiens inanis abscessit. »

6. *Chron. Salernitanum*, c. 81.

7. *Chron. S. Benedicti Casinensis*, c. 7.

8. *Chron. Salernitanum*, c. 81.

9. Erchempert, *Hist. Long.*, c. 18.

L'avantage parait avoir été à cette époque du côté de Siconolf. Selon Erchempert, il se serait rendu maître de presque toute la principauté de Bénévent [1]. Ce renseignement est confirmé par le fait que Radelchis traite en pays ennemi les territoires soumis à la juridiction du Mont-Cassin [2], la cité d'Isernia [3], et, dans le voisinage, le château de San Vito [4], comme aussi les villes de Telese [5], d'Aquino [6], d'Arce [7], d'Acerenza et de Conza. A la même époque, Trani se trouvait également au pouvoir des partisans de Siconolf [8].

Ce sont cependant ces derniers, c'est-à-dire les Lombards de Capoue et de Salerne [9], appuyés à ce qu'il semble par les Grecs de Naples [10], qui se décidèrent à faire appel à l'empereur Lothaire, sans que l'on sache s'il faut voir là une suite des négociations qui avaient eu lieu en 844. Lothaire accueillit favorablement la demande de secours qui lui était adressée, et l'on s'explique facilement qu'il ait cru voir là une occasion de s'assurer plus effectivement de la soumis-

1. Erchempert, *op. cit.*, c 17 : « Fretus itaque frequentissimis victoriis, omnes urbes et castella a Radelgisi abstraens jure, excepto Siponto, Beneventum circumdedit oppugnandum. »

2. Le chef des Musulmans à la solde de Radelchis, Massar ou Aboulmassar, ravagea les terres de Saint-Benoit et ne s'arrêta que devant l'abbaye elle-même frappé d'une sorte de respect superstitieux (*Chron. S. Benedicti Casinensis*, c. 7). D'autre part le fait même que Siconolf lève sur l'abbaye une contribution de guerre implique que cette abbaye se trouvait dans le territoire qui reconnaissait son autorité.

3. *Chron. S. Benedicti Casinensis*, c. 9.

4. *Ibid.*, c. 27. — S. Vito, ch.-l. de circond., prov. de Campobasso.

5. Telese, commune de Solopaca, prov. Bénévent, circ. Cerreto.

6. Aquino, prov. Caserte, circ. Sora.

7. Arce, mêmes prov. et circ.

8. Beltrami, *Documenti Longobardi e greci*, nos II et III, donne deux chartes de Trani de 843 et 845 datées du principat de Siconolf. Cf. aussi Capasso, dans l'*Archivio Stor. Napoletano*, t. I, p. 31, n° 1.

9. Erchempert, *Hist. Long.* c. 19, attribue la responsabilité de cet appel à Adémar de Salerne et à Landolf de Capoue. Mais il fait certainement erreur en le plaçant à une date postérieure à la mort de Lothaire, qui ne survint qu'en 855, erreur qui s'explique peut-être dans une certaine mesure par ce fait que les envoyés lombards ont pu négocier avec Louis, roi d'Italie, et non avec l'empereur lui-même.

10. *Gesta episcoporum Neapolitanorum*, c. 61.

sion promise par Siconolf quelques années auparavant. D'autre part, les progrès des Sarrasins devenaient menaçants pour les territoires impériaux et pour l'Etat pontifical aussi bien que pour les villes lombardes. La prise de Rome, en 846, accompagnée de l'incendie de la basilique de Saint-Pierre, avait eu un retentissement considérable [1], et l'établissement des Sarrasins dans la principauté de Bénévent faisait envisager comme imminentes de nouvelles invasions [2]. Aussi, à la fin de l'année 847, à la suite d'une entrevue que le jeune roi d'Italie, Louis, eut avec son père dans les états de celui-ci, une grande expédition fut-elle décidée pour le début de 848 [3]. Louis devait prendre le commandement de l'armée, qui réunirait les contingents fournis par la Bourgogne, la Provence et la *Francia*, et se trouver avec eux le 25 janvier à Pavie [4]. De là on marcherait sur Bénévent, en évitant soigneusement de piller le pays sur la route, pour ne pas indisposer les populations [5]. En même temps une escadre, fournie par les Vénitiens et les habitants de l'Etat pontifical, devait partir de Venise et de Ravenne, pour rejoindre l'armée dans le voisinage de Larino [6]. Mais l'expédition étant dirigée contre les Sarrasins, il importait de s'assurer de l'appui effectif des princes lombards et pour cela de faire cesser les guerres intestines au cours desquelles les adversaires faisaient appel aux infidèles. Pierre, évêque d'Arezzo, et Gui de Spolète, choisi probablement pour cette mission en raison de ses relations

1. L. Duchesne dans le *Liber Pontificalis*, t. II, p. 104, n. 38, et surtout Lauer, *Le poème de la destruction de Rome et les origines de la cité Léonine*, dans les *Mélanges d'archéologie et d'histoire* de l'École française de Rome, t. XIX, p. 307-361.

2. *Capitulare de expeditione contra Sarracenos*, c. 9. (Boretius-Krause, *Capitularia*, t. II, p. 67) : « Si infideles terram illam obtinuerint (la province de Bénévent), eos Romaniam, quod absit, et magnam partem Italiae invasuros. »

3. *Capitulare de expeditione*, c. 1.

4. *Ibid.*, c. 9.

5. *Ibid.*, c. 9.

6. *Ibid.*, c. 12. — Larino, ch. l. de circond. de la province de Campobasso.

avec Siconolf, étaient chargés de se rendre dans le duché de Bénévent, et de joindre leurs efforts à ceux du duc Serge de Naples, pour assurer la conclusion d'un traité de paix entre les deux compétiteurs qui se disputaient le titre de prince [1].

L'expédition parait avoir eu lieu en effet au printemps de l'année suivante (848). Elle fut couronnée de succès à un double point de vue. Les Francs remportèrent quelques avantages sur les Sarrasins [2], et même la garnison qui occupait Bénévent, abandonnée à ce qu'il semble par ceux qui l'avaient appelée, fut livrée à Louis, qui fit décapiter tous les musulmans avec leur chef Massar (12 mai 848) [3]. D'autre part, grâce à l'intervention des *missi* francs et du duc Serge, ou à celle de l'empereur lui-même, un traité fut conclu entre Radelchis et Siconolf, traité qui mettait fin à la guerre entre les deux rivaux en partageant définitivement entre eux le territoire de l'ancienne principauté de Bénévent [4].

Le partage, d'ailleurs, était fait plutôt à l'avantage de Siconolf, qui bénéficia peut-être en cette circonstance de l'alliance conclue en 844 et de sa parenté avec Gui de

1. *Capitulare de expeditione*, c. 11-12.

2. Erchempert, *Hist. Long.*, c. 19; *Gesta episcoporum Neapolitanorum*, c. 61; *Ann. Bertiniani*, a. 848 : « Exercitus Lotharii contra Saracenos dimicans victor efficitur. »

3. Erchempert, *loc. cit.*; *Chron. S. Benedicti Casinensis*, c. 12, qui donne la date de jour, mais rattache à tort cet évènement à l'expédition de 852 marquée par le siège de Bari; Adon, *Chron.*, *Mon. Germ.*, *SS.*, t. II, p. 323 : « Ludovicus imperator [ce titre est évidemment donné par erreur] in ducatum Beneventanorum contra presidia Sarracenorum exercitum movet, et interfecto duce Sarracenorum Amalmater Beneventum recipit »; *Chron. Venetum*, *Mon. Germ.*, *SS.*, t. VII, p. 18 : « Interea Ludovicus Francorum rex Beneventi principatum adivit et capto Abomasale inimico cum suis... »

4. Nous avons conservé le texte de ce traité publié sous le titre de *Radelgisi et Siginulfi divisio ducatus Beneventani*, *Mon. Germ. Leges*, t. IV, p. 221. — Le document a été également connu de l'auteur du *Chronicon Salernitanum*, c. 84, p. 511, qui en a inséré des fragments dans son œuvre. On en trouvera un commentaire étendu, au point de vue de la géographie politique, dans Gay, *L'Italie méridionale*, p. 62-63.

Spolète. Il est probable qu'il reconnaissait la suzeraineté impériale, ainsi qu'il l'avait promis quatre ans auparavant. En tout cas, il conclut [1] avec Louis une convention, au sujet de laquelle tout renseignement fait d'ailleurs défaut. Radelchis reconnaissait à son ancien adversaire le titre de prince [2], avec le droit de transmettre sa principauté à un successeur [3]. Il lui abandonnait la souveraineté de seize gastaldats, et s'engageait à ne jamais l'inquiéter en rien dans la paisible possession des territoires qui lui étaient ainsi concédés [4], en particulier à ne point faire alliance contre lui avec les Sarrasins [5]. Des mesures étaient prises pour régler les intérêts des sujets des deux princes, et notamment les difficultés auxquelles avait pu donner lieu le passage des hommes de l'un sur les terres de l'autre [6], ou le jugement des actes de violence commis durant les années précédentes [7]. Radelchis et Siconolf renonçaient en outre à tous les droits que chacun d'eux pouvait posséder sur certains domaines sis dans les territoires attribués à l'autre partie [8]. Une clause analogue concernait les abbayes palatines, qui faisaient partie du fisc du prince [9]. Les autres établissements, au contraire, conservaient dans chacun des nouveaux Etats ainsi créés les domaines qu'ils y possédaient auparavant [10]. Les clercs devaient se retirer dans leurs évêchés respectifs et les religieux dans leurs monastères [11].

1. Ce traité est mentionné dans la *Divisio*, c. 2.
2. *Divisio*, c. 1.
3. *Ibid.*, c. 2.
4. *Ibid.*, c. 3.
5. *Ibid.*, c. 24.
6. *Ibid.*, c. 11.
7. *Ibid.*, c. 15.
8. *Ibid.*, c. 21.
9. *Ibid.*, c. 5.
10. *Ibid.* Les dispositions prises à ce sujet ne sont pas d'ailleurs clairement exprimées, et la situation spéciale faite aux abbayes du Mont-Cassin et de Saint-Vincent du Volturno, en dehors de ce qui touche la protection accordée par les souverains francs à ces deux monastères, n'est pas définie.
11. *Ibid.*, c. 11.

La part de territoires reçue par Siconolf et par ses alliés capouans — et qui forma plus tard les deux principautés de Salerne et de Capoue — comprenait en somme toute la partie méridionale de l'ancien duché lombard, la plus étendue, mais aussi la plus exposée aux attaques des Byzantins et des musulmans [1]. C'est à eux en effet qu'étaient attribués les gastaldats de Tarente, de Cosenza, de Cassano [2], de Larino, d'Altojanni [3], de Conza. Les villes de Sora [4], Arpino [5], Aquino, Ponte Corvo [6], Teano [7], Sessa [8] et Caiazzo [9] se trouvaient également compris dans la part de Siconolf, mais placées sous l'autorité plus directe de son allié Landolf. Le territoire dont le prince de Bénévent conservait la souveraineté s'étendait au Midi jusqu'à Frigento [10]. De ce point la frontière se dirigeait vers le Sud-Ouest, laissant Montella [11] à Siconolf. Elle reprenait ensuite la direction Nord-Ouest, vers Monte Vergine [12], passant entre Avellino, qui était à Bénévent, et Sarno [13], qui était à Salerne, avec Rota [14] et Nola [15]. Elle passait au lieu de Sant'Angelo a Cerro, non loin

1. L'énumération des localités cédées à Siconolf se trouve au c. 9 du traité. Cf. Gay, *L'Italie méridionale*, p. 61-62.

2. Cassano, prov. Avellino, circ. S. Angelo.

3. Altojanni, com. Grottola, prov. et circ. Avellino. — L'identification est du reste douteuse.

4. Sora, ch.-l. de circond. de la province de Caserte.

5. Arpino, circond. de Sora.

6. Ponte-Corvo, même circondario, où un peu plus tard Radoald, gastald d'Aquino, éleva la forteresse qui prit ce nom.

7. Teano, prov. et circond. Caserte.

8. Sessa Aurunca, prov. Caserte, circond. Gaëte.

9. Caiazzo, prov. Caserte, circ. Piedimonte d'Alife.

10. Frigento, prov. Avellino, circ. S. Angelo.

11. Montella, prov. Avellino, circ. S. Angelo.

12. Sur un monument qui existait dans cette localité et dans lequel on croyait trouver un des « poteaux-frontières » rappelant l'acte de séparation, cf. Pionati, *Storia di Avellino*, t. III, p. 61.

13. Sarno, prov. et circ. Salerne.

14. Rota, entre Conza et Salerne.

15. Nola, ch.-l. de circ. de la province de Caserte.

de Cervinara [1], laissait à Salerne le lieu de Furcula, près d'Arpaia [2], alors chef-lieu d'un gastaldat, et continuait à suivre la ligne des montagnes, entre les villes de Caserte [3] et de Sant'Agata [4], pour aller rejoindre, au Nord-Est de Sora, la frontière de l'Etat pontifical (849) [5].

Le traité qui venait d'être ainsi conclu marque une date dans l'histoire des principautés lombardes, en constituant définitivement les deux états rivaux de Salerne et de Bénévent, auxquels devait bientôt s'ajouter celui de Capoue, états dont l'histoire est remplie de récits de luttes sans intérêt pour l'histoire générale, et de vaines tentatives pour reconstituer l'unité rompue en 849. Il ne devait cependant pas suffire à assurer la paix dans le pays durant les dernières années du règne de Lothaire. Deux ou trois ans plus tard, en effet, les Sarrasins de Bari, demeurés maîtres de leur forteresse, et grossis peut-être de nouveaux renforts, recommencèrent à envahir le pays

1. Cervinara, prov. et circ. Avellino.

2. Arpaia, prov. et circ. Bénévent.

3. Caserte, *Casa Irta*, ne figure pas au nombre des localités mentionnées dans l'acte de division, mais on sait par Erchempert (*Hist. Long.*, c. 28), que c'était une des localités importantes du comté de Capoue. Par conséquent, elle faisait partie des pays mis dans le lot de Siconolf et de ses alliés.

4. S. Agata dei Goti, prov. Bénévent, circ. Cerreto, localité mentionnée par Erchempert (*Hist. Long.*, c. 66) comme chef-lieu d'un gastaldat Bénéventain.

5 Le traité ne nous est pas parvenu daté dans les deux manuscrits qui nous l'ont conservé, et durant longtemps on l'a attribué à l'année 851. C'est sous cette date qu'il figure encore dans les *Mon. Germ.*, *Leges*, t. IV, p. 221. Cette date est inadmissible, puisque le traité est antérieur à la mort de Siconolf, qui mourut entre le mois d'octobre (*Cod. Cavensis*, n° XXXIX) et le mois de décembre (*ibid.*, n° XXXIII) de l'année 849. D'autre part le *terminus a quo* est fourni par la date de la victoire remportée par Louis II sur les Sarrasins de Bénévent (mai 848). Mais, d'après le témoignage d'Erchempert, le traité est de peu antérieur à la mort de Siconolf. On peut donc le placer approximativement durant l'été de l'année 849.

de Bénévent, et aussi, à ce qu'il semble, les territoires soumis à Siconolf [1]. Bassacius, abbé du Mont-Cassin, et Jacques, abbé de Saint-Vincent de Volturno, furent députés auprès de l'empereur Lothaire par les gens de Capoue, et chargés par ces derniers de promettre au souverain une soumission pleine et entière, à la condition qu'une armée franque serait envoyée dans l'Italie méridionale pour en expulser les musulmans [2].

Lothaire répondit à l'appel qui lui était adressé, et, en 852, une importante armée franque, sous le commandement de Louis II, se dirigea vers Bari. Le corps sarrasin qui tenta de s'opposer à sa marche, fut mis en déroute, et les Francs parvinrent jusque sous les murs de Bari. Mais Louis s'arrêta là sans pousser plus loin ses avantages [3]. Selon Prudence [4], il aurait, après l'ouverture d'une brèche dans les fortifications, hésité à faire donner l'assaut, par crainte de voir ses hommes, dans le désordre du pillage, s'emparer du butin que lui-même, sur l'avis de ses conseillers, entendait se réserver; les Sarrasins auraient

1. *Ann. Bertiniani*, a. 851, p. 41 : « Saraceni Beneventum et alias civitates quieta statione possident », ce qui ne peut s'appliquer qu'au territoire de Bénévent, et non à la ville même, débarrassée de sa garnison musulmane depuis le mois de mai 848. Erchempert, *Hist. Long.*, c. 20, dit également qu'après la première expédition de Louis, les Sarrasins « pedetentim Salernum ac Beneventum depopulare initiarunt. »

2. Erchempert, *Hist. Long.*, c. 20 ; *Chron. S. Benedicti Casinensis*, c. 12. Selon ces deux textes, il semblerait que les envoyés se soient adressés directement à Louis II, mais d'après Adon, *Chron.*, *Mon. Germ.*, *SS.*, t. II, p. 323, celui-ci n'entreprit l'expédition que « jubente patre. »

3. *Chron. S. Benedicti*, c. 12; Erchempert, *Hist. Long.*, c. 20; André de Bergame, *Hist.*, c. 12, mais ce dernier a tort de mentionner à propos de ces évènements un long siège de Bari, par suite d'une confusion avec la campagne de 867 et années suivantes. — C'est sans doute aussi à l'expédition de 852 qu'il faut rapporter un fragment de lettre du pape Léon IV aux soldats francs, publié par Ewald, *Neues Archiv.*, t. V, p. 394, et qui paraît, d'après la place à laquelle il est inséré dans la *Collectio Britannica*, devoir être placé à cette date.

4. *Annales Bertiniani*, a. 852, p. 42.

profité de ce temps de répit pour rétablir leur muraille, ce que voyant, Louis aurait complètement renoncé à sa tentative. Selon Erchempert [1], au contraire, les Capouans, oublieux de leurs belles promesses, auraient refusé de fournir des secours aux Francs et se seraient bornés à envoyer à Louis leur évêque Landolf, pour accompagner le prince au cours de sa campagne. Les deux versions ne sont point d'ailleurs inconciliables, et il est possible en effet qu'à la suite d'une attaque manquée contre Bari, Louis, se voyant abandonné de ses alliés lombards, ait jugé inutile de poursuivre l'expédition. Il revint à Salerne et s'occupa de régler les difficultés auxquelles donnait lieu la minorité du fils de Siconolf, Sicon. C'est sous l'influence de Louis que le jeune prince s'associa d'abord un certain Pierre, puis le fils de celui-ci, nommé Adémar [2]. Les affaires

1. *Hist. Long.*, c. 20. « Set pro omnibus obliti Capuani suam ultroneam sponsionem, urbibus se recondentes, Landulfum tantum antistitem vice sua illuc destinarunt. »

2. Adémar, un peu plus tard, avec l'assentiment du souverain franc, se débarrassa de Sicon en l'envoyant en exil et garda seul le titre de prince. D'après Erchempert, *loc. cit.*, il semblerait que ce changement de duc se soit effectué pendant que Louis II était encore dans l'Italie du Sud, et par sa volonté : « concesso principato Salernitano Ademaro fortissimo et et illustri viro, Siconolfi filium exulem fecit. » Les textes diplomatiques ne permettent pas cette interprétation. Le chroniqueur s'est borné à rattacher à l'expédition de 852, dans une phrase trop brève, toute une série d'événements qui commencèrent en 852 mais ne se terminèrent qu'en 855. Sicon, en effet, succéda à son père Siconolf avant le mois de décembre 849 (*Cod. Cavensis*, n° XXXIII) et son nom figure seul alors en tête des actes (*ibid.*, n° XXXIV). En mars 852 (*ibid.*, n° XXXV), ce nom est accompagné de celui de Pierre, qui se dit *rector* du prince, et est évidemment le même que le « Petrus qui puerum regebat » du *Chron. Salernitanum*, c. 93. Il en est ainsi jusqu'au mois de septembre 853 (*Cod. Cavensis*, n° XXXVII). En février 854, le nom d'Adémar s'ajoute aux deux autres (*ibid.*, n° XXXVIII) et le point de départ attribué au compte des années de son principat prouve que son avènement doit se placer au mois de décembre 853 (*Cod. Cavensis*, n°s XLI et XLII). Au mois de mai 855 (*ibid.*, n° XL), Sicon était encore reconnu à Salerne. Au mois d'octobre de la même année (*ibid.*, n° XLI), son nom ne figure plus dans les actes. — D'après le *Chron. Salernitanum*, c. 94, Adémar et son père se seraient

de Salerne ainsi mises en ordre, Louis regagna ses États[1], sans être en somme parvenu à aucun résultat utile, et jusqu'à la fin du règne de Lothaire, il n'est plus question d'une intervention franque dans les luttes intérieures des principautés lombardes. L'histoire de leurs rapports avec Louis II se confond le plus souvent avec celle des rapports entre ce prince et l'empire byzantin, et il faut attendre jusqu'au temps de Paldolf Tête-de-Fer, c'est-à-dire jusqu'à la fin du xe siècle, pour que les affaires de l'Italie lombarde, après un siècle de luttes sans grandeur et sans résultat, tiennent de nouveau une place dans l'histoire générale de l'Europe occidentale.

débarrassés du jeune prince en l'envoyant à la cour de Louis (cf. *Chron. S. Benedicti Casinensis*, c. 8 : « post aliquantulum Franciam puerulus transducitur »), sous prétexte d'éducation, puis l'auraient fait assassiner au moment où il rentrait dans ses États avec l'agrément du souverain. Les expressions employées par Erchempert permettent au contraire de croire que Louis fut complice des usurpateurs.

1. Les textes diplomatiques ne permettent pas de fixer avec beaucoup de précision les dates extrêmes de l'expédition. Le 22 février 852, Louis II était à Mantoue (Böhmer-Mühlbacher, *Regesten*, n° 1151). C'est le 3 octobre seulement (*ibid.*, n° 1152) qu'on le retrouve dans un de ses domaines, à *Auriola*, localité non identifiée, mais qui doit être cherchée dans l'Italie du Nord, puisque le 17 du même mois Louis était à Pavie (*ibid.*, n° 1153). Prudence place le récit du siège de Bari entre celui de la capture de Pépin par Sanche, duc de Gascogne, qui est du mois de septembre (cf. *Annales Engolismenses*, *Mon. Germ.*, *SS.*, t. XVI, p. 486), et celui de l'entrée du Normand Gottfried dans la Seine, au mois d'octobre. Mais on sait que les événements qui se passent loin du diocèse de Troyes ne sont pas toujours rapportés à la place exacte que leur assignerait dans le récit l'ordre chronologique. Si la présence de Louis dans l'Italie méridionale est connexe au début de la série d'événements dont il a été question dans la note précédente, il faut la reporter au printemps de l'année 852. Mais je montrerai un peu plus loin qu'il n'y a point de raison de la placer aux environs de la Pentecôte.

APPENDICE

La date du « Capitulare Hlotharii de expeditione contra Sarracenos facienda. »

La chronologie des deux premières expéditions dirigées par Louis II, au nom de son père l'empereur Lothaire, contre les Sarrasins de l'Italie méridionale, offre quelques difficultés. Il me semble qu'il faut, comme E. Mühlbacher [1] ou M. J. Gay [2], distinguer deux campagnes. Mais d'autres historiens sont portés à rattacher tous les renseignements fournis par les sources historiographiques au récit d'une seule expédition, que les uns, comme Muratori [3] et Dümmler [4] placent en 847 ou 848, les autres, comme Amari [5], en 851. Cependant les textes distinguent nettement deux expéditions, l'une antérieure et l'autre postérieure au traité qui sépara les deux principautés de Bénévent et de Salerne [6]. C'est la date de la première d'entre elles qui me paraît laisser place au doute [7].

Il paraît certain qu'elle se place à une époque antérieure au couronnement de Louis comme empereur, c'est-à-dire au mois d'avril 850, et même à la mort de Siconolf, c'est-à-dire à la fin de l'année 849 [8]. Mais cette expédition n'est rapportée à une date précise d'année que par un petit nombre des sources historiographiques qui la mentionnent. Les *Annales Lausannenses* [9] l'indiquent

1. *Regesten des Kaiserreichs*, p. 423 et 429.
2. *L'Italie méridionale et l'Empire byzantin*, p. 60-61.
3. *Annali d'Italia*, a. 848.
4. *Gesch. des ostfränkischen Reiches*, t. I, p. 306-308.
5. *Storia dei musulmani di Sicilia*, t. I, p. 369-370.
6. Cf. *supra*, p. 15 et 19.
7. Erchempert, *Hist. Long.*, c. 19 et Jean Diacre, *Gesta episc. Neapolitanorum*, c. 61, parlent tous deux d'une victoire remportée par Louis sur les Sarrasins avant le traité entre les deux princes qui est lui-même de peu antérieur à la mort de Siconolf.
8. Cf. *supra*, p. 20, n. 2.
9. *Mon. Germ.*, SS. t. XXIV, p. 779.

sous l'année 845. Jean Diacre[1] la place la même année que la prise de Rome par les Sarrasins, c'est-à-dire en 846. Enfin les *Annales Bertiniani*[2] la rapportent à l'année 848. Il semblerait que l'on dût s'attacher avant tout à ce dernier témoignage, qui est celui d'un auteur contemporain et ordinairement très sûr. Mais M. Mühlbacher[3] a cru pouvoir admettre que l'annaliste franc était mal informé de ce qui concernait les affaires d'Italie, et qu'il y avait sur ce point, dans la chronologie de Prudence, une inexactitude. Cependant il est à remarquer que l'évêque de Troyes s'intéressait aux événements italiens, non seulement à ceux qui touchaient l'histoire pontificale, mais aussi aux épisodes de la lutte contre les Sarrasins. Pour la période correspondant aux premières campagnes de Louis II les mentions relatives à l'Italie fournies par les Annales de Saint-Bertin sont assez nombreuses. Elles enregistrent à l'année 846 la prise de Rome[4], à l'année 847 l'entrée des Sarrasins à Bénévent[5], à l'année 848 la défaite des Musulmans par l'armée impériale[6], à l'année 851 le retour offensif des envahisseurs dans la principauté[7]. Il y a donc là un ensemble d'informations dont il faut tenir compte, et il est nécessaire d'avoir un argument positif pour considérer tel ou tel des renseignements ainsi fournis comme suspect d'inexactitude.

Le principal argument que l'on semble pouvoir invoquer pour placer l'expédition en 847 plutôt qu'en 848 est la date d'un capitulaire de l'empereur Lothaire, qui règle la manière dont la campagne devait être conduite. Ce document, découvert par Maassen dans un manuscrit de Novare[8], commenté par M. W. Lippert[9], a été publié en dernier lieu par MM. Boretius et Krause[10]. Une analyse fort étendue et fort complète en a été donnée par M. Lauer[11].

La date de 846, qu'attribuent à ce texte les divers érudits qui

1. *Gesta episc. Neapolitanorum*, c. 61.
2. *Ann. Bertiniani*, p. 36.
3. *Regesten*, p. 423.
4. *Ann. Bertiniani*, p. 34.
5. *Ibid.*, p. 35.
6. *Ibid.*, p. 36.
7. *Ibid.*, p. 41.
8. Cf. *Sitzungsberichte der Wiener Akademie*, t. XLVI (1864) p. 68 et suiv.
9. *Neues Archiv*, t. XII, p. 93 et suiv.
10. *Capitularia*, t. II, p. 65.
11. Le *poème de la Destruction de Rome*, dans les *Mélanges d'archéologie et d'histoire* de l'Ecole française de Rome, t. XIX, p. 321-322.

l'ont étudié, paraît pouvoir se déduire des expressions employées au § 6 : « Ecclesia beati Petri hoc anno a paganis vastata est et direpta. » Cet incendie de la basilique de Saint-Pierre eut lieu le 26 août 846 [1]. D'autre part le texte fixe au 25 janvier la date de la réunion de l'armée. La date du document serait donc comprise entre ces deux termes extrêmes du 27 août 846 et 25 janvier 847. Mais il faut supposer qu'un certain laps devait s'être écoulé depuis la prise de Rome, pour que l'empereur ait pu en être informé et qu'il ait eu le temps d'appeler son fils pour délibérer avec lui [2]. En revanche, un certain délai devait être considéré comme nécessaire pour mobiliser les contingents francs et les amener à Pavie, point de départ de l'expédition projetée. Le Capitulaire serait donc du mois d'octobre ou de novembre 846.

Mais il est très explicitement question, dans le même document [3], de la construction projetée du mur qui devait s'élever autour de Saint-Pierre pour mettre la basilique à l'abri d'une nouvelle catastrophe. Or le biographe de Léon IV attribue formellement à ce pape l'idée des travaux de fortification [4]. Le capitulaire prouverait tout au moins que Léon n'eut pas grand'peine à obtenir du souverain un appui et des subsides. Mais en admettant que le biographe exagère un peu, pour la plus grande gloire de son héros, il n'en reste pas moins vrai que, d'après lui, les travaux n'auraient pas été entrepris avant la mort de Serge II, qui est du 27 janvier 847.

Le capitulaire, d'autre part, prévoit le cas d'une nouvelle invasion, par conséquent d'un retour des Sarrasins dans la *Romania* [5]. Il en résulte qu'au moment où le document fut rédigé, il ne devait plus y avoir de païens campés dans le voisinage de Rome, c'est-à-dire que les bandes qui avaient pillé Saint-Pierre avaient déjà remis à la voile. Or ce départ, d'après les Annales de Saint-Bertin [6] qui sont sur ce point d'accord avec la Vie de Léon IV [7], n'aurait eu lieu qu'après l'avènement de ce dernier pape [8].

1. *Ibid.*, p. 312.
2. *Capitulare de expeditione*, c. 1.
3. *Ibid.*, c. 7 : « Itaque decernimus et hoc apostolico per litteras nostras et missos mandamus ut murus firmissimus circa ecclesiam beati Petri construatur. »
4. *Vita Leonis IV*, c. 68, dans le *Liber pontificalis*, t. II, p. 123.
5. *Capitulare*, c. 9.
6. *Ann. Bertiniani*, a. 847, p. 35.
7. *Vita Leonis IV*, c. 7 ; *Liber pont.*, t. II, p. 107.
8. Toutes réserves faites d'ailleurs au sujet des récits relatifs à la tempête qui aurait englouti une grande partie des envahisseurs. Cf. Lauer, *op. cit.*, p. 349-350.

Il résulte de ces deux considérations que le capitulaire peut être considéré comme postérieur à la mort de Serge II et à l'élection de Léon IV, c'est-à-dire au 27 janvier 847. Le 25 janvier, jour pour lequel rendez-vous est donné aux troupes franques à Pavie, ne pourrait être alors que le 25 janvier 848. C'est au printemps de cette dernière année qu'il faudrait fixer l'époque où les forces de Louis II ont dû rejoindre près de Larino les contingents vénitiens et ravennates. Il devient donc inutile de révoquer en doute le témoignage de Prudence relatif à l'expédition entreprise en 848 par les troupes impériales contre les Sarrasins du duché de Bénévent[1].

La phrase du Capitulaire : « ecclesia b. Petri hoc anno a paganis vastata est et direpta » ne constitue pas une objection contre cette hypothèse, à condition de l'entendre en ce sens que moins d'un an s'était écoulé entre les tragiques évènements du mois d'août 846 et l'organisation de l'expédition. Le capitulaire serait donc postérieur au 27 janvier 847, et sans doute au 10 avril suivant, date de la consécration de Léon IV. Il serait d'autre part antérieur au 26 août de la même année. Dans ces conditions, il n'y a pas à s'étonner que l'expédition ait été remise au début de l'année suivante, pour éviter les inconvénients et les dangers d'une campagne durant l'été ou dans la saison pluvieuse.

Il semble bien que l'expédition ait eu lieu au printemps, conformément au plan établi. En effet, d'après le *Chron. Sancti Benedicti Casinensis*[2], Louis se trouvait à Bénévent le samedi veille de la Pentecôte, et cette date représente celle de la mort de Massar, le commandant de la garnison musulmane de Bénévent. En 848, la Pentecôte tombait le 13 mai. Ce serait donc le 12 mai 848 qu'il faudrait placer l'exécution du chef arabe[3].

1. J'ajoute que Prudence, à l'année 847 (*Ann. Bertiniani*, p. 35), parle d'incursions des Sarrasins s'étendant jusqu'aux frontières de la *Romania*. Cette mention pourrait être rapprochée d'un passage du capitulaire auquel j'ai fait allusion plus haut.

2. *Chron. S. Benedicti*, c. 12.

3. Il n'y a donc pas de raison pour placer l'expédition de 852, comme le fait Mühlbacher (*Regesten*, p. 442) aux environs de la Pentecôte de cette année (29 mai), puisque la campagne était alors dirigée contre Bari et non contre Bénévent.

ADDITIONS & CORRECTIONS

P. 27-28. — Le ms. lat. 5410 de la Bibliothèque Nationale, qui provient de Mazarin, est une copie de la chronique de Sainte-Sophie, d'une écriture de scribe italien du XVIIe siècle, comprenant 386 ff. papier de 405 × 268 mm. La chronique, qui commence au fol. 2 avec les mots *De privilegiorum auctoritate. Anacletus servus servorum Dei...*, se termine, comme l'édition d'Ughelli, par une brusque coupure après le vers :

Rex semper vivas plus et clemens domini vas.

En marge du début de la chronique se trouve cette mention de la main de Baluze : « Chronicon Beneventani monasterii sanctae Sophiae editum tomo VIII Italiae sacrae, pag. 561. » Ce ms. donne, aux fol. 293 et suiv., le texte des actes grossièrement faux qui figurent dans l'édition d'Ughelli, et ne se trouvent pas dans le ms. du Vatican. De plus, le ms. lat. 5410 donne certaines indications de date, parfois absurdes, qui concordent avec l'édition d'Ughelli et non avec le ms. du Vatican. En voici quelques exemples :

	Ms. Vat. lat. 6939.	*Ms. lat. 5410 et Ughelli.*
L. III, n° 12.	anno VI.	anno II.
L. III, n° 16.	nona indictione.	ind. XIX.
L. III, n° 21.	XIIII° anno, ... prima indict.	anno I, XIIII^{a} indict.
L. III, n° 22.	X^{a} indictione.	XV^{a} indictione.
L. III, n° 29.	in palatio per indictione secundam.	in palacio mense Augusto, per indictionem decimam quintam.
L. III, n° 35.	III^{a} indictione.	XVII^{a} indictione.
L. III, n° 36.	IV^{a} indictione.	XVIII^{a} indictione.

Il semble donc qu'il n'y ait plus lieu de soupçonner Ughelli d'avoir fabriqué lui-même les actes faux qui se sont introduits dans son édition de la chronique de Sainte-Sophie. Il aura utilisé, en le considérant comme identique au ms. du Vatican, le ms. aujourd'hui conservé à la Bibliothèque Nationale, ou un autre texte, non encore signalé, dont le lat. 5410 représenterait une copie. Je ferai remarquer, à l'appui de cette dernière hypothèse, que le ms. que je signale (fol. 298 v°), considère comme un acte unique, d'ailleurs de rédaction très incohérente, le *Preceptum Grimoaldi de ecclesia sancti Ludovici*, qu'Ughelli (col. 527 D) dédouble en un acte de Grimoald et un autre d'Arichis.

P. 52, n. 3 et 53. — Mon confrère, M. A. Blanchet, me fait remarquer que l'authenticité de la monnaie de Grimoald, figurée par Borgia, semble douteuse, et que les indications de Borgia, au point de vue numismatique, ne doivent être acceptées qu'avec réserves.

INDEX ALPHABÉTIQUE

TABLE DES MATIÈRES

Abbeville. — F. Paillart, imprimeur-éditeur.

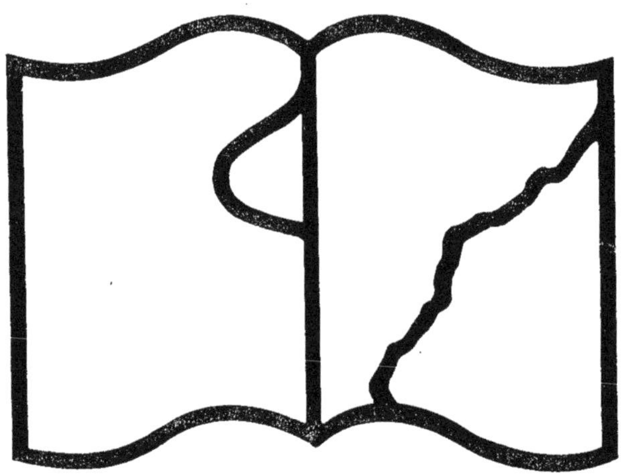

Texte détérioré — reliure défectueuse

NF Z 43-120-11

www.ingramcontent.com/pod-product-compliance
Ingram Content Group UK Ltd.
Pitfield, Milton Keynes, MK11 3LW, UK
UKHW031925260826
14628UKWH00003B/1419

9 782016 145081